1895

CONGRÈS
DES
SOCIÉTÉS SAVANTES

HISTOIRE DU LYCÉE DU MANS

MÉMOIRE

PRÉSENTÉ PAR

REBUT DIDIER

AGRÉGÉ DE L'UNIVERSITÉ
OFFICIER D'ACADÉMIE
PROFESSEUR AU LYCÉE

LE MANS
TYPOGRAPHIE EDMOND MONNOYER
12, PLACE DES JACOBINS, 12

1895

1895

CONGRÈS DES SOCIÉTÉS SAVANTES

HISTOIRE DU LYCÉE DU MANS

1895

CONGRÈS
DES
SOCIÉTÉS SAVANTES

HISTOIRE DU LYCÉE DU MANS

MÉMOIRE

PRÉSENTÉ PAR

REBUT DIDIER
AGRÉGÉ DE L'UNIVERSITÉ
OFFICIER D'ACADÉMIE
PROFESSEUR AU LYCÉE

LE MANS
TYPOGRAPHIE EDMOND MONNOYER
12, PLACE DES JACOBINS, 12

1895

HISTOIRE DU LYCÉE DU MANS

D'APRÈS

DES DOCUMENTS INÉDITS ET ORIGINAUX

BIBLIOGRAPHIE :

Archives du Lycée. — Archives départementales et municipales. Documents divers trouvés à la Bibliothèque de la ville et analysés dans le cours du présent *Mémoire*.

SOMMAIRE :

1re PARTIE : Le Collège-Séminaire de l'Oratoire.

2e PARTIE : Le Collège. — L'École centrale. — L'Ecole secondaire communale. — Le Collège. — Le Lycée.

PREMIÈRE PARTIE

LE SÉMINAIRE-COLLÈGE DE L'ORATOIRE

Les Origines

En 1599, Claude d'Angennes, évêque du Mans, changea le presbytère de St-Ouën du Mans en un collège et séminaire, qu'il dota des revenus que la reine Bérengère, en 1216, avait donnés à une maison d'éducation de la paroisse de Gourdaine. L'établissement de ce collège ou séminaire fut confirmé par des Lettres-Patentes de 1601, enregistrées au Parlement.

Outre le collège de Gourdaine, on réunit au précédent celui de la Tannerie, qui appartenait à la ville, et auquel on avait réuni, depuis plus d'un siècle, le collège de la Juiverie, le plus ancien collège connu dans la ville du Mans. Ce collège de la Juiverie appartenait moitié aux chanoines de St-Pierre, moitié à la ville du Mans (1).

Établissement de l'Oratoire. — En 1624, Mgr Charles de Beaumanoir de Lavardin, évêque du Mans, informé du zèle avec lequel les prêtres de l'Oratoire conduisaient les collèges de Nantes et d'Angers, résolut, après en avoir conféré avec les principaux de son clergé, de leur donner la direction de son séminaire; ils l'acceptèrent à cet effet. Les Oratoriens avaient été préférés aux Jésuites, qui demandaient à être installés au Mans dès l'année 1619.

Le 20 juillet 1624, ledit seigneur de Beaumanoir, plusieurs chanoines et autres ecclésiastiques, ayant procuration du R. P. Pierre de

(1) Archives de la mairie.

Bérulle, supérieur général de l'Oratoire, et depuis cardinal, en date du 10 mars, notariée, convinrent de ce qui suit :

« Les prestres de l'Oratoire auraient à perpétuité le gouvernement et administration du séminaire ;

« Les prestres de l'Oratoire n'entreraient en jouissance qu'au mois d'octobre 1625 ;

« Le séminaire et collège demeurerait toujours sous la juridiction, correction, direction, visitation de l'Évesque du Mans, ses successeurs ou de leurs grands vicaires, des députés du clergé et députés spéciaux du chapitre et dudit seigneur Évesque ;

« Au cas qu'ils (les prêtres de l'Oratoire) intentassent procès aux susdits et cessassent d'instruire la jeunesse, *ipso facto*, ledit seigneur Évesque ou lesdits députés du clergé pourraient disposer dudit séminaire collège. » Ledit contrat passé au palais épiscopal par Tuffière et Toussard, notaires royaux en la cour du Mans (1).

Obligations du contrat d'Établissement. — Les prêtres de l'Oratoire s'engageaient par ce contrat :

1° A desservir la cure de St-Ouën ;

2° A entretenir *six regens* et les gager, sçavoir, un pour la Théologie, un qui fera le cours de Philosophie, et quatre qui feront Secondes Lettres, Humanités grecques et latines ; lesdits regens seront de la Congrégation, capables de leur classe ; en cas que l'on en prenne à gages qui n'en soient pas, ils ne pourront être admis audit collège que de l'advis et agrément de messieurs du clergé ;

3° A faire une fois par semaine une leçon de catéchisme aux dimanches ou festes, ou autre jour d'ycelle ;

4° A nourrir et instruire six pauvres boursiers qui leur seront présentés par messieurs les députés du clergé, capables de la seconde classe du moins, qui ne pourront être employés à aucun œuvre vil ;

5° A recevoir et nourrir encore un septième boursier, de la fondation de « deffunt vénérable Michel Aubourg, ancien principal du séminaire. » (Voir plus loin.)

6° A célébrer l'anniversaire dudit Michel Aubourg en l'église de Saint-Ouën, et distribuer auxdits boursiers trente sols le jour dudit anniversaire ;

(Les conditions indiquées sous les nos 7, 8 et 9 ne rentrent pas dans le sujet qui nous intéresse.)

10° A recevoir audit collège des pensionnaires à prix modéré, « selon la fertilité du païs ;

11° A entretenir de réparations, réfections tous les « établissemens » dudit collège, lieux et métairies qui en dépendent.

Biens acquis à l'Oratoire par le contrat d'établissement. — Pour ac-

(1) Archives de la préfecture.

quitter les charges portées dans le contrat d'établissement, on donna et céda aux PP. de l'Oratoire: les fruits et revenus de la cure de St-Ouën, divers revenus et fiefs, et plusieurs rentes variant de 75 à 225 livres.

Ces biens consistaient en : enclos, vignes, pressoir dans l'enclos, fontaine ; — une maison dépendant de la cure de St-Padvin de la Cité; — la métairie de la Rousselière, avec six *hommées* de pré, bois taillis, le bordage du Petit-Monet ; — le bordage des Coches, de la Sablière ou Crapault; — les Cercleries, ou champs d'Yvré ; — les vignes de St-Blaise ; — une rente foncière de 2 livres 10 sols sur une maison rue des Chanoines; — une rente de 3 livres sur le bordage et lieu du Greffier, paroisse de la *Coulture ;* — une rente de 10 sols sur un jardin appartenant au prieur de St-Padvin de la Cité ; — une rente de 5 sols sur deux quartiers de vignes, etc., etc.

Il nous paraît inutile de pousser plus loin cette énumération; ce qui précède suffit pour montrer quelle était la richesse du séminaire-collége de l'Oratoire.

Rentes du Séminaire. — Ajoutons cependant que dans l'Assemblée générale du clergé, en 1606, le « Roy » donna à MM. du clergé du Maine la somme de *cinq mille livres* pour l'entretien du séminaire, et MM. les députés la colloquèrent avec d'autres sommes de leurs deniers communs. Toutes ces sommes, cédées à l'Oratoire par contrat d'établissement se montent à *treize mille trois cents livres* (13,300 livres), plus une rente de 10 livres au principal de 200 livres. (Archives départementales.)

Obligations de la donation de M. Aubourg. — La donation de M. Aubourg, dont nous avons parlé plus haut, était faite aux conditions suivantes :

« 1° De recevoir dans le séminaire un enfant masle issu de légitime mariage, de la famille dudit sieur Aubourg, qui soit sujet à toutes les loix de la communauté hors ses services, capable de la 3e classe de grammaire, et qui y demeurera six ans révolus; — à défaut d'enfant de la parenté du sieur Aubourg, il veut qu'on en reçoive un de la paroisse de Beaufay, qui sera présenté à Mgr l'Evesque du Mans et son grand vicaire, ou autres ayant la surintendance dudit séminaire, par le curé de Beaufay, et seigneur de la Patrise, à son « deffaut » (en cas que cette terre sortît de sa famille) par le seigneur de la Hupe, conjointement ;

« 2° De chanter une messe haute le 8 may, jour de l'apparition de saint Michel, archange, à neuf heures du matin, à laquelle assisteront tous les escholiers;

« Ordonne ledit sieur Aubourg qu'à l'offert de la messe sera présenté par le boursier un pain blanc d'un boisseau de froment, que le seigneur de la Patrise sera obligé de fournir le 1er mars; — que le célébrant recommandera l'âme dudit sieur Aubourg, de ses parens et amis trépassés, en disant le *De profundis* avec les deux oraisons *Deus. qui inter apostolicos* et *Fidelium ;*

« 3° De faire une oraison en forme de sermon en français dans la dite église de St-Ouën, à une heure après midy, par un des théologiens, soit regent ou autre du séminaire, qui sera nommé par le Principal, où tous les escholiers seront invités d'assister et exhortés à se bien disposer à l'état ecclésiastique ;

« Ordonne le dit fondateur que l'on donnera 40 sols à celuy qui aura fait le discours, que ce même jour on emploiera pour récréation au dîner 35 sols pour la table des maîtres, et 25 pour celle des boursiers, et qu'à grâces on dira le *De profundis* et les oraisons cy-dessus ;

« 4° De dire une grande messe de *Requiem* le vendredy des Quatre-Temps pour le repos de son âme, et le jeudy « précédent » les vigiles des messes dites par chascun an ;

« Ordonne que l'on donnera 5 sols au célébrant, 2 sols au Principal et chappelains, et 12 deniers à dix des plus anciens boursiers et pour chascun. »

Opposition de l'Université de Paris. — Sur la requête présentée au Parlement de Paris pour l'enregistrement du contrat d'établissement, dans le séminaire-collège, des PP. de l'Oratoire, le Recteur, prieur, doyen et suppost de l'Université de Paris, formèrent opposition à l'exécution du contrat par requête présentée au Parlement en date du 30 avril 1625.

Le 6 mars de la même année, Mgr l'Evêque du Mans et MM. les députés du clergé avaient donné leur procuration au R. P. de Sancy, pour intervenir en leur nom à l'instance ; elle dura jusqu'en décembre 1626, et périt dans la suite par le désistement volontaire de la partie. La requête présentée au Parlement fut vue et rectifiée par les gens du Roy. Les Lettres-Patentes du Roy pour l'établissement des prêtres de l'Oratoire en cette maison furent données au mois d'avril 1625. (Ces dates, entre lesquelles il semble y avoir quelque confusion, sont bien celles que l'on trouve au dossier conservé aux Archives du département.)

Bâtiment. — Lorsque les prêtres de l'Oratoire eurent pris possession du collège, les habitants de la ville donnèrent des sommes considérables pour construire ce qu'on appelle le vieux bâtiment, où sont placés le réfectoire, la cuisine, etc. Ce vieux bâtiment, remarque l'auteur inconnu de la note, durera bien davantage que tout ce qu'on a élevé à grands frais, un siècle après, sans beaucoup de goût et de solidité. A l'heure actuelle, le vieux bâtiment est encore debout, parfaitement conservé.

Jusqu'en 1649, on se servit des bâtiments primitifs ; mais ceux-ci étant devenus trop petits, on fut obligé de bâtir un nouveau collège. La construction, commencée le 14 mars 1649, fut achevée en 1656, et coûta 25,000 livres, y compris les bois estimés à 2,500 livres.

En 1661, les chanoines de la cathédrale donnèrent 4,000 livres aux Oratoriens, pour l'acquisition d'un jeu de paume et d'un jardin qui obstruaient leur église qu'ils commençaient à bâtir.

Le 12 avril 1668, on fit toiser les corps de logis du collège, en présence de M. Le Vayer, lieutenant-général, et il se trouva avoir de longueur 30 toises (de 6 pieds la toise) de dedans en dedans des murailles, et de largeur 3 toises et « demye » entre ses murailles. Au premier étage, il y avait cinq classes d'humanités et deux de philosophie; chaque classe avait de hauteur 2 toises sous soliveaux et était carrée; au deuxième étage, il y avait deux salles pour les pensionnaires, et, au milieu, la chambre du Préfet; ensuite, six autres chambres de 6 pieds de hauteur sous soliveaux; au-dessus, étaient des études et des greniers, Au milieu du bâtiment se trouvait un escalier de pierre au haut duquel il y avait un « dosme ».

En 1748, pour construire ce qu'on appela le nouveau bâtiment, le Général de l'Oratoire, La Valette, donna............... 6,000 livres
L'Évêque du Mans et le clergé...................... 4,000 —
Le Présidial du Mans............................. 1,500 —
L'Hôtel de Ville.................................. 2,000 —
et les différents corps à proportion.

Par arrêté du 17 octobre 1750, le Conseil d'Etat ordonna que la somme de 113,000 livres serait imposée en quatre années sur la province du Maine, pour la construction du collège. En 1751, l'intendant de la généralité de Tours fit adjuger les travaux pour 138,500 livres, somme qui fut insuffisante.

Le 31 mars 1753, on obtint du garde des sceaux de lever sur la province une somme de 25,000 livres, pour suppléer à la somme précédente. En 1755, on fit encore de nouvelles dépenses pour les classes et la salle des Actes. (Archives départementales et municipales.)

Armes. — Les armes de la maison de l'Oratoire, qui étaient celles de la Congrégation, étaient *d'azur, à la légende Jésus-Maria, en lettres d'or, brodées d'une couronne d'épines de sable.*

Octroys (ou Paiements). — Dès le commencement de l'établissement du collège, on leva sur les écoliers quelque argent pour les « baleieurs », et pour la réparation des bancs. Dans le temps où l'on commença à bâtir le collège, on leva sur chaque écolier, les pauvres exceptés, 30 sols à l'ouverture des classes; cet usage, approuvé par MM. de la Ville, en considération du bâtiment du collège, dura jusqu'en 1665, sans aucune contradiction. A partir de 1665, chaque écolier paya 60 sols en plus, tant pour les dépenses du bâtiment du collège neuf, que pour les prix que l'on donnait aux écoliers pour entretenir chez eux l'émulation. Il en fut ainsi jusqu'en 1691. A cette époque, MM. de l'Hôtel de Ville, pour autoriser cette perception, exigèrent que l'on enseignât une *Sixième* distincte de la *Cinquième*, et que l'on donnât un régent pour cette classe; — que ceux dont la pauvreté serait notoire ou attestée par leur curé seraient exempts de payer; — qu'on donnerait un banc au moins de 10 places pour MM. de l'Hôtel de Ville dans les *Actions publiques*, dans un lieu honorable et convenable. La communauté, autorisée par le conseil général de la Congrégation, accepta ces conditions. Les théologiens et physiciens ne payaient rien, et les logiciens payaient seulement un écu en entrant en classe.

Usages. — L'ouverture des classes se faisait le 18 octobre, jour de St-Luc; elle fut ensuite fixée au 19, sans aucun délai, à moins que ce ne fût un samedi; en ce cas, la rentrée avait lieu le lundi suivant.

On sonne le premier du collège à 7 heures du matin, à 8 le dernier. On commence par le *Veni, Creator*, et, ensuite, la messe basse du Saint-Esprit, pendant laquelle on chante les litanies de Jésus. A 9 heures, les régents de seconde et de troisième font leurs harangues dans la salle de la maison. L'après-dinée, on « vaque ». Les cours se font le matin, à partir de 8 heures ou 8 heures 1/2, et, le soir, de 2 heures ou 2 heures 1/2 et même 3 heures, selon les différentes classes et selon les saisons.

Congés. — Le jour que le P. Rhétoricien fait sa harangue dans la salle de la maison, toutes les classes vaquent l'après-dinée. En outre, il y a congé :

Le 23 novembre (Ste-Cécile) à partir de 9 heures du matin (cet abus, dit une note, fut corrigé dans la suite) ; — le 26 novembre (Ste-Catherine), et le 6 décembre (Saint-Nicolas) :

Pour les théologiens, du 24 décembre au 2 janvier exclusivement ;

Le 28 décembre (S.S. Innocents) pour tout le collège ; — le 31 décembre, tous les écoliers ont la « demie » le soir ;

Le 26 et le 27 janvier, pour la fête de St-Julien, patron du diocèse.

Le mercredi avant la Quinquagésime, on fait des *énigmes*, ou un *poème*, ou un *Sénatus-consulte*, et toutes les classes vaquent. L'année des énigmes, c'est le régent de rhétorique qui fait l'un ou l'autre, et l'année des « prix », c'est le régent de seconde. Le vendredi et le samedi suivants ne sont pas congé de droit ; on les donne pour l'ordinaire.

Le 19 Mars, jour de St Joseph, tous les écoliers ont congé, quoiqu'il ne soit pas fête dans le diocèse ; quand l'office de ce saint est remis après Quasimodo, on entre en classe.

Le jour de la Mi-Carême, aussi bien que le jeudi gras et le premier après l'ouverture du collège, il y a congé pour tous les élèves.

Le mardi avant l'Ascension, on donne congé l'après-midi, afin que les écoliers apportent des bouquets le jour de cette fête.

La Vigile de la Pentecôte, toutes les classes vaquent, à cause de l'office de l'Eglise qui occupe le matin.

Le mercredi après la Pentecôte, tous les écoliers entrent en classe, et le jeudi suivant ils ont congé.

La vigile du Saint-Sacrement, tous les écoliers ont la demie, au soir quoiqu'il n'y ait pas d'association.

Le 21 juillet, vigile de la « Magdeleine », le théologiens et les physiciens finissent leurs classes.

Le 14 août, vigile de l'Assomption de la Vierge, les logiciens finissent leurs classes, et tous les autres écoliers entrent en classe tout le jour ; mais le 23 suivant, vigile de St-Ouën, ils ont congé comme aux vigiles des autres solennités.

Pièces. — On fait tous les ans une pièce de théâtre, ou des énigmes, alternativement ; l'année où il n'y a point d'énigmes, on distribue des prix.

Prix. — Dans toutes les classes, il n'y a qu'un prix pour le catéchisme ou pour la mémoire. — Dans les classes de rhétorique. seconde et troisième, on donne deux prix pour la prose, un in-folio pour le 1er prix, un in-4° pour le 2e prix ; de même pour les vers et pour le grec. — Un même écolier ne peut avoir qu'un prix de composition, quand il en mériterait davantage. — Dans les classes de 4e, 5e et 6e, on donne deux prix in-4°, pour le 1er prix, un in-8° pour le second prix. — On distribue quelques autres prix à de bons écoliers, ou à des enfants de qualité, ou aux acteurs.

Enigmes. — *Tragédies.* — *Thèses.* — On a retranché l'énigme du régent de 4e, et les affiches pour de bonnes raisons ; (ces raisons ne sont pas indiquées). Le Régent de rhétorique fait son énigme le premier, et seul ; le Régent de 4e l'explique le premier et avant les externes. Les Régents de seconde et de troisième font leurs énigmes le même jour, le Régent de 5e explique celle de seconde, et le Régent de 6e celle de troisième.

Les jours de tragédies, drames et énigmes, on entre en classe le matin. Quand il y a *Déclamation* en Rhétorique, les Seconds seuls y assistent ; et quand il y en a en Seconde, les Rhétoriciens seuls y assistent.

Quand il y a *Thèses*, petites ou grandes, les Théologiens ont vacance l'après-midi, et le matin, le régent qui soutient sort avec ses écoliers à 9 heures.

La nomination des basses classes ne se fait jamais avant la vigile de la Nativité de la sainte Vierge ; celle de Seconde se règle sur ce pied-là. On n'en fait point en Rhétorique, afin que les écoliers n'entrent en Logique qu'après avoir payé. La grande nomination se fait dans la « Sale » de la maison (Archives départementales).

Les Archives du Lycée fournissent des indications d'un autre genre et qui sont tout aussi intéressantes.

Leges servandæ. — Voici d'abord un réglement dont la teneur se trouve sur une feuille imprimée et collée au verso de la couverture d'un registre (G, IX, 1753, catalogue de la Bibliothèque). Cette pièce est écrite en latin.

Leges servandæ iis qui Collegiorum (*sic*) *Congreg. Oratorii Domini Jesu, studiorum causa frequentant* (1)

1) Cum pietas Christianos deceat, pietatem imprimis curent.

2) Audito primo signo, sine mora scholas adeant.

3) Ingressi fores collegii per aream ne vagentur aut discurrant, sed in suam quisque classem quam primum sese recipiat.

4) Nullus ordinem suo sibi arbitrio deligat, sed illum qui prœvio examine a Moderatore studiorum fuerit adscriptus ingrediatur.

5) Intra septa collegii, quartani, quique eos anteeunt, latine loquantur.

6) A primo signo ad ultimum singuli in classibus lectionis et compositionis pensum assignatis Decurionibus reddant.

7) Decuriones suorum diligentiæ vel negligentiæ rationem in schedulis ad professorem deferant.

8) A scholis indicta causa aut non obtenta venia nunquam absint ; qui abfuerint absentiæ rationem exponere teneantur.

9) Discipuli in classe dicentem pro suggestu professorem silentes et attenti audiant.

10) Verbis obscenis et scurrilibus, indecoris spectaculis, popinis, impurisve choreis, et aliis id genus quibus juvenum mores depravantur, sibi interdictum esse sciant.

11) Pietate, modestia, diligentia, quæ generosam et ad prœclara natam juventutem decent, invicem certent.

(1) Règles à suivre pour ceux qui fréquentent pour leurs études le collège de la Congrégation de l'Oratoire de (N.) S.J. (C.) :

1. Attendu que la piétié convient à des chrétiens, ils (les écoliers), observeront surtout la pitié. — 2. Au premier signal, ils entreront en classe sans retard.— 3. Quand ils auront franchi les portes du collège, ils ne se promèneront ni ne courront çà et là dans la cour, mais chacun se rendra le plus tôt possible dans la classe. — 4. Aucun ne choisira son rang de sa propre volonté, mais chacun se rendra à la place qui lui aura été désignée, après examen préalable, par le préfet des études. — 5. A l'intérieur du Collège, les quatrièmes, et ceux qui les précèdent, parleront tous en latin. — 6. Du premier signal (?) jusqu'au dernier, chacun rendra en classe aux décurions désignés sa tâche de lecture et de composition. — Les décurions rendront compte au professeur, sur des billets, du travail ou de la négligence des leurs. — 8. Personne ne s'absentera de la classe sans motif ou sans permission ; ceux qui se seront absentés seront obligés de rendre compte de leur absence. — 9. En classe, les écoliers écouteront, silencieux et attentifs, le professeur parlant de sa chaire. — 10. Ils sauront que les paroles obscènes, les bouffonneries, les spectacles indécents, les cabarets et les danses déshonnêtes, et autres choses de ce genre qui dépravent les mœurs des jeunes gens, leur sont interdits. — 11. Ils rivaliseront entre eux de piété, de modestie, d'assiduité,

12) Nunquam verbis, convitiis aut pugnis, nedum telis, se mutuo aliosve lædant.

13) Ad sacrum hora constituta sine strepitu conveniant : Rosarium vel horas sanctæ Virginis attente ac devote recitent.

14) Singulis mensibus sacramentali confessione conscientias suas purgent ; ad sacram vero Synaxim ex præscripto tantum confessoris accedant.

15) Qui aliter faxit, et has leges violaverit, debitis pœnis subjaceat. Si quis vero malæ frugis sit, e collegio eliminetur.

Hæ leges simul promulgatæ prima quaque mensis die in singulis classibus relegantur.

Classes. — On ne trouve aucune mention concernant les classes, aucune indication de programmes d'études. Le collège étant en même temps un séminaire, la plupart des écoliers se destinaient à l'état ecclésiastique. Un registre nous donne les noms des élèves :

Nomina scholasticorum Collegii, ab anno 1660 ad annum 1678

Encore y a-t-il des lacunes considérables : ainsi on ne trouve pas les années 1662, 1663, 1669, 1675, 1676, 1677 ; la liste des écoliers de 3e, 4e, 5e et 6e, manque pour 1670, ainsi que celle des écoliers de Rhétorique, de Seconde, de 4e, 5e et 6e pour 1671, — de Rhétorique de seconde et de 6e pour 1673, — de 6e pour 1674, — de Seconde, de 3e, 4e, 5e et 6e pour 1678. Les noms des théologiens ne sont inscrits que depuis 1674 jusqu'en 1679 inclusivement. Les noms des écoliers de 6e, ne s'y trouvent que depuis 1666, année de la fondation de la classe, détail qui a son importance.

Mais ce registre nous renseigne sur le nombre des élèves ; nous avons relevé, par curiosité, les chiffres des deux années suivantes :

1660 —	Physici (1)	37
	Logici	78
	Rhetores	91
	Humanistæ	115
	Tertiani	133

comme il convient à une jeunesse noble et née pour les belles choses. — 12. Jamais ils ne se blesseront mutuellement ni ne blesseront les autres par des paroles, des injures, des coups de poing, encore moins par des armes. — 13. A l'heure dite, ils se rendront sans bruit à la chapelle ; ils réciteront avec attention et dévotion le rosaire ou les heures de la sainte Vierge. — 14. Chaque mois, ils purgeront leurs consciences par la confession sacramentelle : mais ils n'approcheront de la sainte Table que sur le conseil de leur confesseur. — 15. Celui qui agira autrement et violera ces règles, sera passible des peines méritées. Si quelqu'un se conduit mal (porte de mauvais fruits), il sera chassé du collège. — Ces règles une fois promulguées seront relues dans toutes les classes le premier de chaque mois.

(1) Physiciens, Logiciens, Rhétoriciens, Humanistes (élèves de seconde), élèves de 3e, de 4e et de 5e.

	Quartani	165
	Quintani	118

AU TOTAL : 737 élèves.

1661 —	Physici	30
	Logici	150
	Rhetores	110
	Humanistæ	147
	Tertiani	175
	Quartani	127
	Quintani	150

AU TOTAL : 889 élèves.

Il est à remarquer que les années suivantes offrent, à peu de chose près, les mêmes proportions ; on trouve aussi des chiffres moins élevés, de sorte que la moyenne serait facile à établir.

Les prénoms sont indiqués en latin : *Petrus A...*, *Jacobus N...*, *Guillelmus X...*, *Renatus*, *Alphonsus*, *Joannes...*, etc, etc...

Est-il besoin de dire que le local était à peine suffisant pour un si grand nombre d'élèves? Evidemment, tous n'étaient pas pensionnaires, et il y avait un bon nombre d'externes. Nous avons recueilli à cet égard un renseignement curieux : la plupart des écoliers, à cette époque, logeaient en ville chez les particuliers, principalement dans les rues avoisinant le Collège ; le prix de la pension était relativement peu élevé et se soldait souvent en nature, les parents des élèves envoyant des provisions de toute espèce.

Mais, si l'on poursuit les recherches, on trouve une diminution considérable du nombre des élèves. Voici les chiffres que nous avons relevé pour une période de trois années, de 1780 à 1783 :

Théologie	37	31	20
Physique	16	8	25
Logique	28	58	22
Rhétorique	23	21	18
Seconde	31	34	43
Troisième	47	46	41
Quatrième	47	46	41
Cinquième	44	35	33
Sixième	41	33	52
	293	289	281

Quelle était la cause de cette diminution ? Elle avait dû se produire bien avant 1780. On trouve en effet à la Bibliothèque une pièce qui en donne l'explication. Le professeur de philosophie avait introduit, dans ses cahiers, des propositions entachées de jansénisme, qui ne pouvaient avoir l'approbation de l'Evêque du Mans. Le prélat interdit l'entrée du grand séminaire aux élèves des Oratoriens : il menaça même les PP. de leur retirer la direction du collège. La soumission des religieux mit un terme à la querelle; mais le coup était porté, et le collège-séminaire du Mans n'atteignit jamais plus le nombre considérable d'élèves qu'il avait compté auparavant.

La pièce dont il est question ci-dessus porte le titre suivant :

« Rétractation, en forme de déclaration, donnée à Mgr l'évêque du Mans par le professeur de philosophie du collège de l'Oratoire au Mans, au sujet de propositions contraires à la saine doctrine, qu'il avait enseignées dans ses cahiers, et déféréss par ce prélat à la Faculté de Théologie de Paris ». (Il s'agit des vertus théologales.)

La rétraction est suivie de la déclaration suivante :

« Je, soussigné, reconnais que les articles ci-dessus contiennent la vraie doctrine de l'Eglise. J'y adhère sincèrement. Je n'ai jamais eu et je n'aurai jamais d'autres sentiments. Je reconnais que l'article *De Virtutibus et Vitiis* de mes cahiers, ainsi que mon mémoire justificatif, donnent lieu à des sens qui portent atteinte aux vérités exprimées dans les articles ci-dessus (à propos des vertus théologales)? A Paris, le 21 janvier 1774.

Signé : Roy, prêtre de l'Oratoire.

Le R. P. général de l'Oratoire et ses assistants donnèrent leur adhésion à cette déclaration du professeur de philosophie, à Paris, le 22 janvier de la même année.

Un établissement d'une telle importance devait avoir un réglement; nous avons trouvé aux Archives Départementales (Fonds municipal, nos 512 et 513) un *Ordre* du collège du Mans, dont la date n'est pas indiquée, mais qui doit être de l'année 1740, ainsi qu'on le verra plus loin. Voici ce document.

Ordre du collège du Mans. — « On ne peut douter que la distribution du temps des études n'influe beaucoup sur leurs progrès. Si le travail est trop interrompu ou trop coupé, quel succès peut-on s'en promettre? Le zèle des instituteurs ne corrigera jamais l'inconvénient de laisser les jours de congé à l'arbitraire. Une marche suivie et uniforme, une sage économie du temps pour le travail et le repos des élèves, sont seules capables de fortifier les études et de faciliter l'avancement de la jeunesse. On a cru parvenir à ce but par le plan que l'on présente pour l'ordre des classes au collège du Mans.

Article premier. — Toutes les classes entreront le lendemain de la fête des Morts. Le collège s'ouvrira après la Messe du Saint-Esprit, qui sera suivie d'une harangue latine que les Professeurs de Seconde et de Troisième prononceront alternativement chaque année dans la Salle des Actes publics. On invitera par programme les différents ordres de la Ville pour le discours de la rentrée.

Art. 2. — On ne recevra pour aucune classe de nouveaux écoliers sans s'être assuré par une composition et par un examen de la capacité de celui qui se présente. Cette épreuve empêchera d'admettre des sujets sans talents et qui deviennent à charge à leurs familles, après une perte de temps dispendieuse.

Art. 3. — Les classes des Humanités dureront deux heures et demie le matin et le soir ; celle de Philosophie, deux heures. Depuis le mois de décembre jusqu'au Carême, les classes des Humanités entreront le matin une demi-heure plus tard, et, à raison du froid, ne tiendront que deux heures, même le soir, comme les classes supérieures. Pendant le Carême, elles entreront de même sans diminution du temps pour la durée au matin. Le soir, elles ne seront que de deux heures, et on entrera une demi-heure plus tard, ce qui aura lieu tous les jours de jeûne.

Art. 4. — Le Collège, pendant l'hyver, vaquera régulièrement le samedy au soir, et pendant l'été le mercredy entier et le samedy au soir. Rien ne changera l'ordre pour le samedy, et le mercredy ne pourra être retranché que lorsqu'il sera précédé immédiatement ou suivi immédiatement d'un jour de fête, auquel cas on ne vaquerait pas le mercredy.

Art. 5. — On ne pourra s'écarter de l'ordre cy-dessus pour les congés que dans une circonstance qui intéresse la Ville, la Province ou l'Etat, et à la demande d'un des Corps de la Ville.

Art. 6. — Au temps de Noël, les classes vaqueront la surveille de la Nativité, et rentreront le surlendemain de la fête. Au Carnaval, elles vaqueront aussi toutes indistinctement le vendredy au soir qui précède le dimanche gras, et rouvriront le vendredy suivant. A Pâques, elles vaqueront le mardy saint au soir et rentreront toutes le vendredy qui précède la Quasimodo. A la Pentecôte, elles vaqueront le vendredy au soir et rentreront le mardy suivant, n'étant pas fête dans le diocèse.

Art. 7. — On excitera l'émulation des élèves en les préparant à rendre compte en public de leurs études par des Exercices relatifs aux auteurs expliqués dans chaque classe et à la partie du Cours d'histoire qui sera distribuée dans chacune. Ces exercices seront de règle pour la Rhétorique et la Seconde. On ne les donnera que sur la fin de l'année, parce qu'autrement il faudrait choisir des matières étrangères à la classe qui détourneraient les élèves de leur études ordinaires.

Art. 8. — Les thèses de théologie et de philosophie se soutiendront dans les mois de juin et de juillet. Ces classes vaqueront ensemble le dernier de juillet après une messe d'actions de grâces.

Art. 9. — Les Exercices d'Humanités se donneront dans le mois d'août et seront déterminés par celui de Rhétorique, qui sera suivi de la Distribution solennelle des Prix. Huit jours avant, on fera l'examen ordinaire des classes sur les auteurs qu'on y aura vus. Le dernier du mois, le Collège assistera à huit heures du matin à une messe d'actions de grâces. Après le *Te Deum*, les classes se rendront dans la

Salle des Actes, où le Préfet du Collège, après le discours d'usage. fera la lecture de l'ordre dans lequel les élèves passeront successivement et selon le mérite de leur travail dans les classes supérieures, Le soir, les écoliers vaqueront après la Distribution des Prix jusqu'au 3 de novembre.

Examens de passage. — Les examens de passage, dont il est question ci-dessus, avaient donc lieu chaque année ; on en trouve la formule aux Archives du Lycée :

Ordo (1) *juxta quem e tertia gradum facient in secundam;*
Inter insignes....
Inter bonos.....
Inter mediocres....
Inter dubios.....

et enfin, la mention : *Maneant* (2), — ce qui prouve que les élèves n'étaient admis qu'à bon escient dans la classe supérieure à celle qu'ils avaient suivie. On trouve aussi cette autre indication : *abiere per annum* (3).— Ces exigences ne pouvaient qu'être très profitables pour les études.

Distributions. — Si l'on ne trouve aucun programme d'études, on peut du moins se faire une idée des travaux des différentes classes en consultant la liste des récompenses accordées en 1781.

In Rhetorica :

a) (1) *Primum Eloquentiæ præmium meritus ac consecutus est :....*
Secundum.....
Accessere .....

b) *Primum Solutæ orationis præmium meritus ac consecutus est : ...*
Secundum..... Accessere.

Ces formules se répètent pour toutes les récompenses : *Interpretationis, Strictæ ? Orationis, Primatus frequentioris. Memoriæ* ; et enfin la « *Coronam laboris.* »

In secunda :

Mêmes formules. Le prix d'Eloquence est remplacé par le prix de Narration (*Narrationis*).

En 3e, en 4e, en 5e, en 6e, le prix de Narration n'est pas indiqué ; mais il y a toujours, comme en Seconde et en Rhétorique, les prix de

(1) Ordre dans lequel passeront de 3e en seconde, entre les meilleurs.... entre les bons.... entre les médiocres... entre les douteux... (2) Resteront (en 3e)... (3) Sont partis pendant l'année.

(1) Ces formules sont encore usitées dans les maisons religieuses d'instruction. En voici la traduction : A mérité et obtenu le premier (ou le second) prix de ... — Ont approché...

Solutæ orationis, *d'Interpretationis*, de *Strictæ orationis*, de *Primatus frequentioris*, de *Memoriæ* et la *Coronam laboris*.

Que veulent dire les termes de *Strictæ orationis ?* Il nous a été impossible de nous en rendre compte, l'adjectif étant, d'ailleurs, mal écrit ; aussi nous l'avons marqué d'une interrogation. Le prix de *Primatus frequentioris* semble correspondre, croyons-nous, à l'ancien prix d'Excellence ; il est permis de supposer qu'il était décerné à l'élève qui avait été le plus souvent le premier. La *Corona laboris* était sans doute, la récompense d'efforts soutenus, sinon de succès brillants.

Essai de reconstitution des programmes. — Il nous semble impossible de ne pas faire connaître quels étaient les programmes suivis dans les différentes classes ; nous allons donc essayer de les reconstituer. Les éléments de cette partie de notre travail nous sont fournis par des indications contenues dans les sujets d'Exercices, de Thèses, etc., qui se donnaient ou se soutenaient avant les Distributions de Prix. Nous croyons toutefois, afin d'éviter tout malentendu, devoir répéter qu'il ne s'agit ici que d'un essai de reconstitution

Sixième

Histoire sainte.

Selectæ e veteri Testamento historiæ (Ire partie). — Phœdri fabulæ (livres I et II).

La Fontaine (fables imitées de Phèdre).

Histoire naturelle élémentaire.

Cinquième

Exercice sur l'Apologue (1778).

Selectæ e veteri Testamento historiæ (IIe partie). — Phœdri fabulæ (livres III et IV).— Appendix de diis et heroibus (Ire et IIe parties).

La Fontaine (fables imitées de Phèdre).

Quatrième

Exercice sur la Mythologie (1782.

Sur la Poésie pastorale et sur la géographie de la France (1784). — Sur la Géographie et sur l'histoire des grands hommes (1784). — L'exercice géographique porta sur la géographie générale et sur les voyages maritimes. — Newton, Descartes, Pascal, Malbranche, Arnauld, Nicole, Bossuet, Fénelon, Massillon, Daguesseau, Colbert, La Fontaine, le P. Poujet (de l'Oratoire), Boileau, Racine, tels furent les grands hommes sur lesquels on interrogea les élèves.

On leur fit traduire six *Eglogues* de Virgile, et le IVe livre des *Géorgiques*, comparé avec la traduction de M. Delille ;

Le *de Amicitia*, et des pensées choisies de Cicéron, dans le recueil de l'abbé d'Olivet;

Et des biographies de Corn. Népos.

Troisième

Néant. — En 1752, un élève de cette classe fit, à la Distribution, un discours en vers ; on ne dit pas en quelle langue.

Seconde

Les divers exercices de cette classe ont eu pour objet : la Poésie, le Goût, l'Epopée, l'Ode, l'Eloquence, la Mythologie, l'Histoire grecque, l'Histoire romaine, la Géographie de l'antiquité, les Grands Hommes du Mayne, la Poésie lyrique.

Comme traductions, nous trouvons celles du Ve l. de l'*Enéide* (les Jeux) — des odes choisies d'Horace (l. I à IV) et du discours de Cicéron *pro lege Manilia*.

Rhétorique

On s'y occupait surtout d'éloquence, comme le prouvent les exercices sur l'Eloquence de la chaire et du Barreau (1752) — sur l'Eloquence en général et sur les figures (1779) — sur l'Elocution oratoire et sur la poésie (1783).

Philosophie

La philosophie comprenait la *Logique*, la *Physique*, la *Métaphysique* et la *Morale*, ainsi que le prouve une thèse de philosophie soutenue en latin le 13 juillet 1655. En voici le titre :

Universæ Philosophiæ (1)
THEOREMATA
Deo duce et favente Beata Virgine
propugnaturus sedebit, M. LESPERON,
Luceiensis,
in Collegio Cœnomanensi
P.P. Oratorii Domini Jesu,
die 13 Julii, Anno 1655.
hora post meridiem 2.

(1) Questions (ou théorèmes) de philosophie générale qui seront soutenues sous les auspices de Dieu et de la sainte Vierge par M. Lesperon, de Lucé, au collège du Mans, des PP. de l'oratoire de N.-S. Jésus, le 13 juillet 1655, à deux heures après-midi.

Cette thèse est dédiée à

Très noble et très illustre dame
Madame Charlotte Demice de Guespray, *très digne Abbesse du célèbre monastère du Pré.*

Elle est divisée en quatre parties :

Conclusiones philosophicæ: ex Logica, ex Physica, ex Metaphysica, ex Morali.

Sciences

Physiques et Mathémathiques.

L'Exercice « physico-mathématique », soutenu par M. Louis-Pierre Herbin, du Mans, dans la salle du Collège-Séminaire des Prêtres de l'Oratoire du Mans, le Lundy 21 et Mercredy 23 avril 1760 à deux heures et demie après midy, nous fait connaître le programme dont voici la teneur :

I. — Des Mathémathiques en général ;
II. — Géométrie, ligne, surface, corps ou solide ;
III. — Lignes perpendiculaires, obliques et parallèles ;
IV. — Lignes droites considérées par rapport au cercle ;
V. — Evaluation des angles ;
VI. — Lignes proportionnelles ;
VII. — Des surfaces, et des figures planes ; triangles ;
VIII. — Figures considérées par rapport au cercle ;
IX. — Figures semblables ;
X. — Evaluation et mesure des surfaces ;
XI. — De la surface des solides ;
XII. — Evaluation et mesure des solides ;
XIII. — De la Trigonométrie ;
XIV. — De la Méchanique ;
XV. — Propriété du mouvement ;
XVI. — Du mouvement sur le plan incliné ;
XVII. — Du mouvement des Pendules ;
XVIII. — Lois du mouvement ;
XIX. — ......
XX. — Géostatique (équilibre des corps solides) ;
XXI. — ......
XXII. — Hydrostatique.

La 1re séance fut consacrée à la géométrie, la 2e à la physique expérimentale.

Le 4 juillet 1764, M. Jean-Charles-Jérôme Menard, de Falaise, écolier de Physique, soutient une thèse de mathématiques sur la géométrie et la trigonométrie ; en voici la division :

I. *Thèses de géométrie.*

1. Géométrie théorique : des lignes, des surfaces, des solides.

2. Géométrie pratique.— Entre diverses propositions, celle-ci est soulignée et mérite, par conséquent, une mention spéciale : « Couper un angle quelconque en trois parties égales, ou en tel nombre qu'il plaira aux auditeurs. C'est le problème de la *trisection* de l'angle, qui n'a point encore été résolu jusqu'ici. Nous prions, dit l'écolier, MM. les géomètres de la Ville de vouloir bien nous dire leur sentiment sur notre démonstration. »

II. *De la Trigonométrie.*

1. Trigonométrie théorique.

2. Trigonométrie pratique.

Arithmétique et Algèbre

D'après l'exercice sur les Mathématiques soutenu, le lundy 15 juillet 1773, par deux écoliers de Physique, le programme d'Arithmétique et d'Algèbre est à peu près connu :

Des mathématiques en général.— Des éléments du calcul des quantités finies. — de l'arithmétique — de l'algèbre — des éléments du calcul des quantités infinies — des progrès du calcul des quantités finies — de l'analogie — de l'analyse — des progrès du calcul des quantités finies — de l'analogie des quantités infinies — de l'analyse des infiniment petits — Problèmes à résoudre sur les progressions arithmétiques et géométriques — Problèmes à résoudre par les règles de l'analyse.

De la géométrie — de la géométrie spéculative — des lignes — des surfaces — des solides — de la géométrie pratique — des mesures — de l'application des mesures — de la longimétrie — de la planimétrie — de la stéréométrie.

L'exercice académique sur la physique-mathématique et sur la physique proprement dite, du mercredi 23 août 1780, complète les renseignements précédents :

Mathématiques en général ; — les développées ; la physique mathématique ; — le mouvement rectiligne uniformément accéléré ; — le mouvement composé rectiligne et en ligne courbe ; — le mouvement dans le cercle ; — le mouvement dans la parabole et le jeu des bombes ; — mouvement dans l' « ellypse » ; — la statique ; — la théorie des frottements dans les machines ; — l'hydrostatique et l'hydraulique ; — l'astronomie ; — l'astronomie physique ; — la physique proprement dite (à propos de laquelle il est question des quatre éléments : la terre, l'eau. l'air et le feu).

Pour les *Sciences naturelles*, nous mentionnerons l'exercice physico-anatomique, tenu dans la salle des Actes du collège et séminaire des prêtres de l'Oratoire du Mans, le jeudi 18 juillet 1771, à deux heures et demie après midi, sur l'anatomie, — l'ostéologie, — la sarcologie, — la myologie, — la splanchnologie, — l'adénologie, — la névrologie,

— l'angiologie, — par P. Chapplain, d'Isigny, au diocèse de Bayeux, élève et étudiant en chirurgie, sous la conduite de M. Pierre Dervilliers, maître-ès-arts et en chirurgie, greffier de M. le premier chirurgien du Roy, ancien chirurgien des hôpitaux du Mans, et correspondant de l'Académie royale de chirurgie.

Enfin, un élève du collège du Mans soutint le mardi 1er avril 1783, à Paris, au collège Louis-le-Grand, une thèse de mathématiques en latin :

DEO (1) JUVANTE ET AUSPICE DEI-PARA,
THESES MATHEMATICAS
demonstrare conabitur selectus physicus
Michaël-Franciscus Vetillart, cenomanus,
Insignis Ecclesiæ Regiæ et Collegiatæ S° Sanctæ
Capellæ cenomanensis canonicus, Alumnus.
Exercitationi prælude selectissimus condiscipulus
Renatus-Franciscus-Joannes Fay,
cenomanensis, Alumnus,
die Martis prima Mensis Aprilis, a sequioctava
ad undecimam, anno Domini 1783.
Arbiter erit Michaël-Bernardus Duport,
Sacræ Facultatis Parisiensis Baccalaureus,
Theologus et Philosophiæ Professor,
In Collegio Ludovici Magni,
Pro Actu publico.

Pièces : tragédies, comédies, etc. — Les exercices, les distributions étaient accompagnées de pièces jouées par les élèves, de dialogues ou de chansons. Il serait trop long et hors de notre sujet, ou du moins de notre plan, de donner une analyse de ces pièces; il suffira d'en faire connaître les titres pour en donner une idée. Il faut dire, d'ailleurs, qu'on ne trouve pas grand'chose sur cette partie de la question.

(1758). — *Achille*, tragédie en 3 actes, avec prologue. (Le sujet est tiré de l'*Iliade*, et il est inutile d'insister.)

L'*École des jeunes gens*, comédie en prose, en 3 actes, avec prologue et épilogue. Les noms des personnages de la pièce sont à retenir :

Le chevalier de Duppenville ;

(1) Avec l'aide de Dieu et sous les auspices de la Mère de Dieu, ces thèses de mathématiques seront soutenues par Michel-François Vetillard, du Mans, élève choisi de (la classe) de physique, de l'église royale et collégiale de la Ste-Chapelle du Mans. A l'exercice, préludera son très distingué condisciple René-François-Jean Fay, du Mans, le mardi 1er avril 1783, de huit heures et demie à onze heures. Le juge sera Michel-Bernard Duport, bachelier de la S. Faculté de Paris, théologien et professeur de philosophie, au collège Louis-le Grand. En acte public.

Le baron de Fourbignac;
Argyran, banquier;
Ariste,
Philiste,
Clitandre,
Nigaudin, } jeunes gens;
Lucas, valet de Nigaudin;
Mascarille, autre valet.

La scène est à Paris, dans l'hôtel de Limoges.

Un dialogue et une chanson, dont on ne trouve pas le sujet et le titre, précédèrent la distribution.

« Les spectateurs sont instamment priés de ne pas monter sur le théâtre. » Cette recommandation est renouvelée toutes les fois qu'il en est besoin.

Dans la salle des Actes du collège des prêtres de l'Oratoire du Mans, le lundy 21 août 1758, à deux heures après midi. — Il y eut répétition le samedi 19, à trois heures du soir.

(1775). — *Le Berger ambitieux*, pastorale en 3 actes, à la fin de laquelle « chacun s'empresse de faire l'éloge de notre nouveau Monarque et de l'auguste Princesse qui partage ses destinées et l'amour des Français. » La pastorale fut précédée d'un compliment allégorique.— Le mercredi 22 février.

(1777). — L'exercice littéraire des écoliers de Seconde, le mercredi 5 février 1777, fut suivi d'un *Dialogue* entre la Muse de l'Epopée, la Muse Lyrique et la Muse de l'Eloquence, et de *Chansons* en l'honneur de ces trois Muses; il y eut encore un remerciement et une *chanson* pour terminer.

(1778). — Le mardi 14 juillet, on joua une *Pastorale*, dont on n'a pas le titre; puis un élève prononça un discours sur l'Apologue, et un autre parla de l'utilité de la Mythologie. — Compliment et remerciement.

(1779). — Le mardi 17 août, la distribution des prix, annoncée par une *chanson*, fut précédée d'un *Dialogue* entre un prosateur et un poète.

(1782). — Le mercredi 6 février, on joua une pastorale, *le Véritable ami*; on fit entendre une *Cantate* sur la naissance de Mgr le Dauphin, et sur la prise d'York, « qui concourt avec cet heureux évènement ». La séance fut terminée par une chanson.

Le mercredi 17 juillet, l'exercice littéraire des écoliers de quatrième fut ouvert par l'*Enfant gâté*, poème avec acteurs.

(1783). — La distribution « solennelle » des prix, donnés par Mgr l'évêque du Mans, eut lieu le lundi 18 août, et fut précédée d'une pastorale intitulée : *Au travail succède le plaisir :* ensuite, une chanson annonça la distribution.

La même année, le lundi 7 juillet, les écoliers de quatrième représentèrent une pastorale : *le Bon Vieillard* ou *la Vertu couronnée;* et le

21 juillet, les écoliers de sixième jouèrent *Hyppolyte* ou *l'Enfant couronné*. On récita aussi une églogue sur la Paix.

Memoire instructif

Sur la pension du collège des prêtres de l'Oratoire de la ville du Mans.

Les renseignements suivants sont tirés d'une pièce sans date trouvée à la Bibliothèque ; ils complètent ceux que nous avons donnés plus haut sous le titre : *Ordre du Collège du Mans.*

« On enseigne dans ce collège toutes les parties des Belles-Lettres et des Sciences, à commencer depuis la sixième classe jusqu'à la théologie inclusivement.

« Chaque classe a son régent particulier : deux pour la philosophie, deux pour la théologie.

« On reçoit à la pension les enfants depuis l'âge de sept ans jusqu'à treize ou environ. Les plus jeunes ont un maître particulier pour leur apprendre les premiers éléments de la langue latine, jusqu'à ce qu'ils soyent en état d'aller en classe.

« Messieurs les pensionnaires étudient dans une grande salle, où il y a un poêle pendant l'hiver, et prennent leur récréation et leur repas sous les yeux de deux préfets qui se relèvent et qui ne les quittent pas.

« Ils couchent tous dans un grand corridor, où on leur a pratiqué une chambre particulière en bon air, au bout de laquelle couche le domestique de la pension, et à l'autre extrémité le préfet en état de veiller au bon ordre.

« Outre les exercices qui se donnent dans le collège, il y a dans la pension deux fois par semaine des leçons d'histoire, de blazon, de géographie et d'arithmétique ; les jours de congé sont particulièrement destinés pour ces sortes d'exercices.

« La pension est de 300 livres. L'usage est de payer d'avance un quartier, ou la *demie* année, sur quoi on fournit la chandelle, le bois et les gages des domestiques et peigneuse, pour lesquels on donne seulement 3 livres en entrant.

« La maison se charge se fournir aux pensionnaires le lit et les meubles de la chambre, les draps, le linge de table, la poudre, la pommade, les plumes, l'encre et le papier, le blanchissage, le raccommodage de bas, d'habits et de linge, moyennant la somme de 36 livres, qui se paye avec la pension. Messieurs les parents qui voudront se charger du blanchissage et du raccommodage ne payeront que 15 livres pour les autres fournitures.

« On se charge aussi, pour la commodité des parents, de fournir aux enfants ce dont ils ont besoin, et on en fait un mémoire exact qui se paye avec la pension.

« Il y a une bibliothèque à l'usage des pensionnaires, et chacun donne en entrant une seule fois 3 livres pour son entretien, et qui sont employées à acheter de nouveaux livres.

« Lorsqu'on s'absente dans le cours de l'année, ou qu'on va en vacances, la pension court également.

« On donne aux malades les soins et les attentions que demande leur état. Messieurs les parents tiennent compte de la dépense qu'on a faite.

« Chaque pensionnaire doit apporter en entrant une douzaine ou une douzaine et demie de chemises, de coëffes de nuit, de cols, de mouchoirs et de chaussons, deux peignoirs, des peignes, un couvert et un gobelet d'argent avec un couteau de table, un coffre pour le linge et les hardes, un pupitre, une écritoire, un Nouveau Testament, une Imitation de Jésus-Christ, et un Abrégé de l'Ancien Testament de M. Mézangui. (Cet ouvrage en 10 vol., qui date de 1735 à 1753, nous renseigne sur l'époque probable de ce mémoire.)

« Il est libre à Messieurs les parents de donner à leurs enfants des maîtres particuliers, soit de danse, de *dessein* ou de musique, etc.

« Les classes commencent à la Saint-Luc, et finissent dans la première semaine de septembre. Les parents qui jugeront à propos de faire aller leurs enfants en vacances, sont instamment priés de se conformer à ces deux termes, soit pour amener leurs enfants, soit pour les retirer; rien n'étant plus nuisible à leurs études que les variations sur cet article.

« On avertit que les sorties en ville sont absolument interdites les jours de dimanches et de fêtes, et qu'elles ne sont permises que les jours de congé depuis 11 h. du matin jusqu'à 6 h. du soir, à condition qu'on enverra une personne de confiance qui sera chargée de mener et de ramener les enfants.

« *Règlement pour les Exercices de MM. les Pensionnaires.* — Depuis les vacances jusqu'à Pâques, on se lève tous les jours à 6 h.; depuis Pâques jusqu'aux vacances à 5 h. et demie. Un quart d'heure après le lever on se rend à la salle d'étude pour y faire la prière en commun. Après la prière, on étudie. A 7 h. trois quarts, on déjeune. A 8 h. on entre en classe. A 10 h. et demie, on entend la Messe, pendant laquelle on récite les litanies de Jésus. A 11 h. on dîne. Après le dîner, la récréation. A midi et demi, l'étude. A 2 h. la classe. A 4 h. et demie, le goûter. A 5 h. on étudie. A 6 h. et demie, les litanies de la sainte Vierge, et le souper. Après le souper, la récréation jusqu'à 8 h. qu'on entre à l'étude. Ce *tems* est destiné à écrire des lettres ou à lire des livres d'histoire. A 8 h. trois quarts, la prière, après laquelle on se retire en silence. A 9 h. un quart, chacun doit être couché.

« Les dimanches et fêtes, on dira la Messe à 8 h. et les Vêpres à 2 h. et demie. Ces jours-là sont principalement destinés à instruire les pensionnaires de leur religion.

« Outre les catéchismes qui se font plusieurs fois la semaine dans les classes et dans la pension, ils assistent encore régulièrement à tous les prônes de notre paroisse.

« Tous les exercices classiques ou toutes les études commencent par une lecture de piété. Le Nouveau Testament, l'Imitation de J.-C. et l'Abrégé de l'Ancien Testament sont marqués pour cet usage.

« Messieurs les pensionnaires ne doivent jamais s'éloigner de la présence de leur préfet, ni rien acheter sans leur (*sic*) permission.

« Les jours de congé, on entend la Messe à 8 h., ensuite on déjeune. A 9 h. et demie, on étudie jusqu'au dîner. Ensuite, la récréation. A 2 h., l'étude jusqu'à 3 h., et depuis 5 h. jusqu'à 6 h. et demie. Depuis Pâques jusqu'à la fin de l'année, l'étude depuis 1 h. jusqu'à 2 h. et demie, et depuis 4 h. jusqu'à 6. Le souper et ensuite la promenade jusqu'à l'heure de la prière, si le *tems* le permet.

« Les mêmes réglements s'observent pendant les vacances, excepté qu'il n'y a que cinq heures d'étude ou de classe par jour.

« *Réglement pour les vacances.* — Les pensionnaires se lèvent à 6 h. Au quart, la prière et la récitation de l'Ancien Testament. A 7 h. l'étude jusqu'à 8 h. On va à la Messe, ensuite on déjeune. A 9 h. la classe; à 10 h. lecture en commun d'un livre d'histoire dont les pensionnaires rendent compte. A 11 h. le dîner, ensuite la récréation. A 2 h. l'étude. A 3 h. leçons ou de géographie, ou de blazon, ou d'arithmétique. A 4 h., le goûter, ensuite la récréation. A 6 h., le souper; la promenade. A 8 h. trois quarts la prière et le coucher.

« Le lundi et le jeudi, il n'y a pas d'étude le soir, et il n'y a le matin que deux heures d'étude, depuis 7 h. jusqu'à 8 h., employées à l'exercice, soit de géographie, etc., et depuis 10 h. jusqu'à 11 h., pour la lecture de l'histoire. Si le temps le permet, les Pensionnaires passent la journée à la maison de campagne, *ou* l'on observe ces exercices, et y prennent leurs repas. »

Les Archives du Lycée nous donnent, à la date de 1788, un « Nouveau Réglement du collège du Mans », réglement précédé de considérations fort judicieuses et qui méritent d'être signalées :

« *Considérations précédant le nouveau Réglement.* — Frappés depuis longtemps des nombreux inconvénients auxquels donne lieu le réglement observé dans le collége, soit pour la distribution et l'ordre des congés, soit pour le temps, la durée et la sortie des classes, nous avons plusieurs fois tenté d'en faire un qui, à l'avantage de ne rien donner à l'incertitude et à l'arbitraire, joindrait celui d'occuper tellement les écoliers qu'il les tînt continuellement en haleine pendant l'année classique : nous avons cru atteindre ce double but par celui qui suit que nous avons tous adopté de concert, que nous avons mis en vigueur au commencement de l'année, après l'avoir présenté aux différents corps de la ville intéressés au maintien de l'ordre dans le collége, non pour le leur faire approuver, ce à quoi nous n'étions pas tenus, attendu qu'étant chargés de l'éducation pratique avec nos réglements, c'est à nous seuls à abroger les anciens et à en faire de nouveaux, mais pour qu'il n'en prétendissent pas cause d'ignorance. Les corps auxquels nous l'avons montré sont le *Présidial*, *l'Hôtel de Ville* et les *deux chapitres*. Le voici tel qu'il a été proposé et accepté par tous les professeurs et régens composant le collège à l'entrée des classes.

« Une sage économie dans la distribution du temps, l'ordre et la durée des classes, dans la disposition et l'ordre des congés qui, en laissant jouir les jeunes gens d'un repos honnête et nécessaire à leur âge, les tienne toujours en haleine, peut seule accroître le progrès des études et assurer le succès des élèves.

« Le réglement qui maintenant est en vigueur au collège du Mans, présente cet inconvénient de rapprocher tellement les congés que les élèves, livrés trop longtemps à eux-mêmes, ne peuvent manquer de perdre le goût de l'étude. L'expérience, en effet, nous a appris que le travail d'une semaine doit être non-seulement compté pour presque rien, mais encore que celui de la suivante éprouve une grande atteinte, lorsqu'il y a congé le mardi et le jeudi qui se suivent immédiatement; que les congés de Noël, du Carnaval, de Pâques et de la Pentecôte, rarement procurent le bien que nos Pères s'en étaient promis; que les congés arbitraires donnés dans une infinité de circonstances ou à l'importunité ou au crédit, ne produisent autre chose que d'exposer les jeunes gens à perdre leur temps. Que peut faire un enfant le Lundy et le Mercredy qui sont l'un et l'autre précédés et suivis d'un congé de droit ou de grâce, que de penser aux plaisirs de la veille et s'occuper de ceux du lendemain ? Quelle activité peut-il porter dans ses études quand, après plusieurs jours d'oisiveté, il est forcé de reprendre une tâche toujours pénible et ennuyeuse pour celui qui ne la remplit que par contrainte?

« Il serait sans doute à désirer pour la manutention du collège que toutes les classes commençassent et finissent en même temps; mais la nature des occupations propres à chacune d'elles exigeant plus ou moins d'études particulières pour les écoliers, il est indispensablement nécessaire de mettre une différence dans leur durée. Cette différence, nous la réduirons autant qu'il est possible de le faire, en augmentant d'une demi-heure la durée des classes de Philosophie.

« L'écolier qui n'a pas encore fini sa tâche, même lorsque les récompenses ont été accordées, ne travaille plus que malgré lui; la crainte seule est alors l'aiguillon auquel il est sensible. Mais pourquoi le flétrir par la crainte, quand on peut lui faire envisager pour but de ses études la gloire et l'honneur? Cette considération, que l'expérience journalière fortifie, en nous apprenant que les classes qui suivent la distribution des prix sont perdues pour les élèves, et par conséquent pour les maîtres, nous impose la nécessité de reculer la distribution des prix et de la fixer au terme de la carrière classique.

« L'avancement des études demande donc que les congés soient moins multipliés, plus également distribués et déterminés irrévocablement par la loi; que la durée des classes soit fixée d'une manière convenable à l'âge des écoliers et à la nature de leurs études; que l'époque de la sortie des classes soit aussi celle des récompenses, afin que l'application des élèves en soit plus suivie, plus longue et plus constante. Tel est le but que nous nous sommes proposé par le Réglement.

RÉGLEMENT DU COLLÈGE DU MANS.

I. — *Congés de la semaine.* — 1. On vaquera le mercredy entier et le soir du samedy de chaque semaine; ce dernier ne manquera jamais.

2. S'il y a quelque changement dans le congé du mercredy, il ne peut être occasionné que par une fête chômée.

3. Si cette fête arrive le mardy ou le samedy, il n'y aura de congé que le mercredy soir.

4. Si la fête tombe le mardy ou le jeudy, on n'aura de congé que le samedy soir.

5. Si elle tombe le mercredy, on n'aura pareillement congé que le samedy soir.

6. Si elle arrive le samedy, le congé du mercredy sera plein.

7. Deux fêtes dans une même semaine ôteront le congé du mercredy, à moins qu'elles n'arrivent le lundy et le samedy; dans ce dernier cas, on aura congé le mercredy au soir.

II. — *Congés des différents temps de l'année.* — 1. Il n'y aura de congés dans le courant de l'année que ceux mentionnés ci-dessus, excepté ceux énoncés dans les articles suivants.

2. A Noël, on aura congé depuis la veille de la Fête inclusivement jusqu'au 27 aussi inclusivement, et même jusqu'au 28, si Noël tombe le samedy.

3. Au Carnaval, on aura congé depuis le samedy qui précède les trois derniers jours gras jusqu'au mercredy inclusivement.

4. A Pâques, on vaquera depuis le mercredy saint inclusivement jusqu'au mercredy suivant aussi inclusivement.

5. Le mardy des Rogations, on aura congé le soir à cause des bouquets.

6. A la Pentecôte, on aura congé la veille de la Fête, et on rentrera le mardy suivant.

7. On aura congé le soir des jours d'Exercice, quelle que soit la classe qui le donne, les Théses de Philosophie non comprises, ainsi que les Exercices de Physique, à moins que les uns et les autres ne soient dédiés.

8. Les veilles des fêtes des Grandeurs de Jésus et de l'Assomption, on n'entrera point du tout.

III. — *Durée des classes.* — 1. La durée des classes d'Humanités, jusqu'à la seconde inclusivement, sera de deux heures et demie.

2. Celle des classes de rhétorique, de logique et de physique sera de deux heures.

3. Tous les jours de jeûne, la classe du soir sera de deux heures seulement pour les humanités, d'une heure et demie pour la rhétorique, et la philosophie; et, ces jours-là, le collège entrera une heure plus tard matin et soir.

4. Dans aucune autre circonstance que celle énoncée dans l'article précédent, on ne pourra abréger la durée des classes, excepté le 25 de chaque mois, et pendant l'octave de la Fête-Dieu, jours où la classe du soir sera abrégée d'une demi-heure et celle du matin d'un quart d'heure seulement.

5. La rigueur du froid pourra la faire abréger d'une demi-heure.

IV. — *Sortie des classes.* — 1. Les classes de logique et de physique vaqueront le 31 juillet après avoir assisté à une messe d'action de grâce.

2. La distribution des prix se fera le 25 ou le 24, si le 25 est un jour de fête (Le mois n'est pas indiqué).

3. Le 26, ou le 27, si le 26 est un jour de fête, toutes les classes de rhétorique et d'humanités vaqueront après la nomination, à laquelle tous les écoliers seront tenus d'assister.

4. Ce jour-là, on fixera la rentrée des classes au jour non empêché après la Toussaint.

« Ce règlement, le même qui avait été arrêté par tous les corps de la Ville intéressés aux études, n'avait pas été mis à exécution, parce que MM. du Présidial exigeaient, avant de donner leur approbation, que le Régime de l'Oratoire s'engageât à le faire observer ; aujourd'hui cet obstacle est levé par le consentement écrit qu'il a été autorisé de donner par l'assemblée générale de la congrégation. Il ne reste donc à ceux à qui est confiée l'éducation de la jeunesse dans cette ville, à espérer que, convaincus des vues sages qui les animent, les citoyens apercevront que l'intérêt seul de leurs élèves touche les maitres, puisque aux dépends (*sic*) même de leur propre repos, ils consentent à l'exécution d'un réglement qui multiplie leurs travaux en diminuant le nombre des congés et en prolongeant la durée des classes ».

Suit le consentement des pères avec leur signature.

Prix de sagesse et de vertu

Extrait des registres des procès-verbaux de l'Assemblée de l'ordre de la noblesse de la province du Maine.

Le vendredi 17 avril 1789, en exécution des instructions que l'ordre de la noblesse a manifestées pendant le cours de ses séances, de seconder le zèle de MM. les Pères de l'Oratoire et de concourir aux vues louables de ces sages instituteurs pour l'éducation de la jeunesse, nous, membre et secrétaire du dit ordre, nous sommes transporté au collège, où, étant en assistance du P. Supérieur et du préfet et en présence de tous les professeurs, nous avons annoncé aux écoliers réunis dans la salle des Actes.

Que l'ordre de la noblesse de la province du Maine avait accordé à chacune des classes un prix de sagesse et de vertu qui sera décerné à celui qui sera reconnu pour le plus sage et le plus vertueux au jugement de ses condisciples confirmé par l'approbation du préfet et de son professeur.

Qu'à cet effet, les suffrages seront donnés au scrutin dans chaque classe par tous les écoliers présens : qu'en cas d'égalité parfaite des suffrages, le prix sera partagé entre les deux concurrens ;

Que celuy qui réunira le plus grand nombre de suffrages après le sujet qui aura mérité le prix obtiendra un accessit ; et, sur la demande des écoliers de théologie qui ont représenté que leur classe était composée de deux cours, il a été convenu qu'il serait accordé deux accessits à la théologie, un pour chaque cours ;

Que la distribution solennelle des dits prix et accessits sera faite par M. le Sénéchal ou en son absence par M. le doyen de l'ordre de la noblesse.

Que la liste de ceux qui auront été couronnés sera imprimée, distribuée à MM. les membres de l'ordre, et insérée dans les archives de la Province.

Que les noms et surnoms de ceux qui auront été récompensés seront insérés à la suite des procès-verbaux de l'Assemblée (Archives du Lycée).

Les prix furent distribués par M. le prince d'Ardenay, procureur général syndic des Etats Provinciaux du Mayne, qui fit à chacun des sujets un compliment court et relatif à leur naissance, à l'état auquel ils paraissaient se destiner, aux qualités estimables de leurs parents, à leur sage application à l'étude, préférable aux succès qu'elle aurait eus, et dont il s'était fait instruire, et M. le Syndic ne se répéta jamais.

Le procès-verbal de la séance et la liste des élèves couronnés se trouvent à la bibliothèque de la ville (950).

Telle fut la fondation, telle fut l'organisation du collège-séminair de la ville du Mans avant la Révolution de 1789.

DEUXIÈME PARTIE

LE COLLÈGE DU MANS — L'ÉCOLE SECONDAIRE LE LYCÉE

« Les Oratoriens furent victimes de la Révolution. Leur revenu, qui se montait à 80,000 francs environ de notre monnaie, se trouva réduit de moitié par la suppression des dîmes et des droits seigneuriaux ; ils refusèrent, pour la plupart, de prêter le serment civique, et durent, en conséquence, cesser leur enseignement. » (Extrait du discours prononcé par M. Martin, professeur d'histoire, à la distribution des prix, le 30 juillet 1892.)

Cependant, ils ne quittèrent pas entièrement le collège dont ils avaient eu si longtemps la direction. Un arrêté du directoire du département de la Sarthe développa et confirma l'ordre d'Instruction publique établi dans le collège du Mans pour l'année 1792. Le procureur général syndic fut chargé de rédiger un rapport dont il donna lecture dans la séance du 30 décembre 1791. On lit dans ce rapport que « l'église ou chapelle du collège du Mans est desservie par les Oratoriens : eux seuls sont chargés des pensionnaires du collège, hors des classes. Trois classes continuent d'être professées par les Oratoriens dont l'expérience a prouvé les talents. Trois autres chaires sont occupées par des professeurs externes, non moins distingués par leur mérite et leurs vertus. Ces six classes sont en plein exercice depuis le 14 octobre dernier ». Le rapport constate même que « la plus parfaite harmonie règne entre tous les professeurs, soit Oratoriens, soit externes. »

A partir de ce moment, le programme d'études suivi au collège comporte la physique, les mathématiques, la logique, la métaphysique et la morale, la rhétorique ; toutes les classes sont organisées depuis la seconde jusqu'à la sixième, et le français est substitué au latin dans l'enseignement oral.

Physique et mathématiques.— La physique est surtout *expérimentale ;*

des éléments de *physique générale* précèdent le cours expérimental. Les élèves qui se destinent à suivre ces deux cours, doivent s'y préparer d'avance par la connaissance des *quatre règles d'arithmétique*, et de la *règle de proportion*, autrement règle de trois. Le cours de mathématiques comprend, suivant l'usage, l'*algèbre* et la *géométrie*.

Logique. Métaphysique et Morale. — Ce cours se fait en français, tant parce que les meilleurs ouvrages qui ont traité ces trois parties de la philosophie sont écrits en notre langue, que pour mettre les élèves plus à portée de discuter avec méthode et clarté les grandes questions qu'elles présentent.

On fait un usage fréquent de l'analyse; on suit les *principes de Condillac*, dans la logique, de *Clarke et de Fénelon*, dans la métaphysique, Dans la morale, on traite des rapports de l'homme avec la Divinité, avec lui-même et avec la société, des obligations de celle-ci avec chaque individu.

Rhétorique. — Les principes de la littérature ancienne et moderne, la rhétorique, la poétique, en un mot tout ce qui forme l'art du poète et de l'orateur, font le principal objet de ce cours, dont les préceptes sont accompagnés d'exemples tirés de nos plus grands orateurs et des poètes français les plus célèbres.

On explique le discours de Cicéron *pour Milon*, *la vie d'Agricola* par Tacite, les morceaux les plus intéressants de l'*Enéide*, et même quelques livres entiers de ce poème, l'*Art poétique de Boileau* et quelques *Epîtres et Satyres d'Horace*, quelques morceaux de *Juvénal*. *L'art poétique de Boileau* et ses plus beaux morceaux imités des anciens, dans ses épîtres et satyres, sont mis en parallèle avec les auteurs qu'il a pris pour modèles.

Des passages choisis dans les *plus beaux ouvrages de Cicéron et de Sénèque*, font la matière des traductions et forment pour les élèves un petit traité de morale aussi instructif qu'intéressant. Ils se prépareront à l'art d'écrire et de raisonner par des *Essais oratoires* de divers genres, sur les sujets les plus importants ou les plus gracieux que présentent la littérature, l'histoire et la morale.

Seconde. — On y explique la *grammaire française de Vailly*, les principes de versification française ; pour le latin, des *parties choisies des œuvres de Cicéron*, des *Histoires de Salluste*, de l'*Enéide de Virgile*, et des *Odes d'Horace* auxquelles on compare des *Odes françaises de Rousseau*. Les beautés de ces derniers poètes sont rendues plus sensibles aux jeunes gens par un traité sur la poésie lyrique.

De courtes productions, des vers latins, des narrations, des fables, précédées d'un petit traité sur l'apologue, servent aux élèves à donner le premier essor à leur génie.

L'explication de la *guerre de Catilina par Salluste*, sera suivie des *Catilinaires de Cicéron*. Des versions fréquentes et quelques thèmes concourent à perfectionner les élèves dans la connaissance de la langue latine et de ses beautés.

Un abrégé de la sphère et de la géographie, une partie de l'histoire de France, complètent et varient agréablement le cours.

Troisième. — Les *premiers livres de l'Enéide*, l'*Andrienne de Térence Quint-Curce* et la harangue de Cicéron pour *Marcellus* ; les règles de la poésie latine; l'étude de la langue française ; des traductions, thèmes et vers, forment la partie importante des travaux de la classe de troisième. Un petit cours d'arithmétique, et une partie de l'histoire nationale, accompagnée des notions géographiques qu'elle exige, commencent à former les esprits à la méthode, à la réflexion et aux connaissances les plus nécessaires dans le cours de la vie.

Quatrième. — Les explications portent sur les principes combinés des langues latine et française, ceux de la poésie latine, le *IVe livre des géorgiques de Virgile*, auquel on compare la traduction en vers français de M. Delille ; sur les *Vies des hommes illustres de Cornélius Nepos*, le *IIIe livre des Fables de La Fontaine* traduites en vers latins par M. Giraud, comparées avec l'original ; les *Pensées choisies de Cicéron*. On donne des notions de géographie, et on fait connaître la division de la France par départements.

Des versions et des thèmes exercent les élèves de cette classe, ainsi que ceux de cinquième, dans l'étude de la langue latine.

Cinquième. — Le professeur présente, dans l'*Appendix* et le *Selectæ e veteri* (*testamento*), les faits les plus intéressants de l'ancien testament et de la mythologie. On explique les *Fables de Phèdre* et le petit traité *De Viris illustribus urbis Romæ*. L'étude des règles de grammaire latine et française, les éléments de géographie générale et nationale, l'abrégé de l'histoire ancienne, complètent les connaissances que ce cours peut embrasser.

Sixième. — Les études et travaux qui doivent former ce cours seront réglés de concert avec le professeur qui en sera chargé. — Il faut dire, pour expliquer l'absence de programme, que cette classe n'était pas installée, faute d'élèves ; on devait l'inaugurer lorsqu'il y aurait dix ou douze élèves d'inscrits.

Instruction religieuse. — L'instruction chrétienne de toutes les classes est puisée directement dans l'Evangile et le cathéchisme, dont les élèves récitent des leçons. Toute digression inutile et dangereuse est écartée.

Mémoire. Composition, etc. — Tous les professeurs des Humanités cultivent la mémoire de leurs élèves, en leur faisant apprendre des morceaux choisis des auteurs anciens et modernes. Ils exercent leur esprit par des compositions hebdomadaires, des traductions journalières, et leur apprennent surtout à bien manier leur langue.

Notons qu'il n'est pas question du grec.

Le Directoire, après avoir entendu et examiné le rapport du procureur général syndic, approuva l'ordre d'instruction qu'il présentait ; il enjoignit aux élèves du collège de se conformer à ces dispositions, chargea le procureur-général syndic d'en assurer l'exécution, et de l'informer plusieurs fois, dans le cours de l'année, des progrès de l'instruction publique du collège.

Le plan d'études que nous venons de retracer avait été favorablement accueilli par la Convention Nationale ; l'administration du département, témoin du succès des élèves, avait donné des marques éclatantes de sa satisfaction. Ce double suffrage encouragea l'inspecteur et les professeurs du *Collège national* (c'est ainsi qu'il est désigné) à retoucher ce plan d'études, à l'améliorer et à lui donner toute l'utilité possible. Ils publièrent donc un tableau analysé des objets de l'enseignement sous ce titre :

NOUVEAU PLAN DE L'ENSEIGNEMENT PUBLIC

DU

COLLÈGE NATIONAL DU MANS

A PARTIR

Du 1er novembre 1793, et pour l'année 1794

TROISIÈME DE

LA RÉPUBLIQUE FRANÇAISE

Une et indivisible

I. — Une **Ecole civique** (3 années), divisée en 3 classes (mineure, médiane et supérieure), d'après une « progression calculée avec soin sur l'âge et le développement des facultés de l'enfant », enseignait les premières notions et les études les plus nécessaires pour parvenir à exercer des fonctions publiques.

a) *Classe mineure.* — Outre la lecture et l'écriture, on donne aux enfants (8 ans) des notions simples et communes sur la nature et l'agriculture ; — des notions de morale en récits ; — quelques notions sur Dieu, la Providence ; — des idées générales et faciles sur les arts et métiers, sur le commerce, les poids, mesures et monnaies.

b) *Classe médiane.*— Suite des leçons d'écriture et arithmétique commune. Principes raisonnés et précis de morale, éclairés par des exemples et récits. — Leçons sur l'utilité et la nécessité de la religion en général. — Eléments de géographie universelle et commerciale, précédés de quelques notions et principes de géométrie, et d'une topographie de la France. — Notions historiques sur les principaux peuples du monde, et spécialement sur la France. — Eléments d'histoire naturelle (1re partie) : courtes notions sur les animaux les plus intéressants parmi les quadrupèdes, oiseaux, poissons et insectes. — Suite et développement des notions sur les arts et métiers les plus communs; leçons élémentaires sur l'agriculture et le commerce. — Leçons générales et sommaires sur la physique, servant d'introduction à la connaissance de la nature. — Premières leçons de grammaire française; orthographe.

c) *Classe supérieure.* — Ecriture et arithmétique perfectionnée. — Répétition des leçons sur l'utilité et la nécessité de la Religion en général. — Suite des éléments d'histoire naturelle; courtes notions sur les arbres et plantes les plus usuelles, sur la terre et les minéraux, sur l'homme, sur l'anatomie et l'art de guérir. (Ces leçons, purement théoriques, avaient pour but d'apprendre aux élèves à maintenir leur santé par un usage raisonné de leurs forces; c'étaient des leçons d'hygiène pratique). — Répétition et suite des notions sur le commerce. — Suite des principes et exemples de morale; idées élémentaires sur la société, les gouvernements en général, et celui de la France en particulier; explication simple des Droits de l'homme et de la Constitution; notions générales sur notre législation civile et criminelle. — Suite de l'abrégé de la grammaire; courtes notions sur les opérations de l'esprit, sur l'art de raisonner.

Un maître d'écriture, attaché à l'Ecole civique, donne des leçons deux fois par jour.

Ce programme nous paraît tout simplement admirable; on croit lire, abstraction faite des progrès que le temps seul amène en toutes choses, un programme des écoles primaires élémentaires et supérieures de nos jours.

II. — **Cours de Latinité.** (3 années.)

L'étude du latin est restreinte à 3 années. — C'est que l'expérience a fait reconnaître : 1° que trois années suffisent à un enfant de 11 ans pour savoir, non parler latin, mais le comprendre et l'expliquer; 2° qu'un enfant, qu'on met au latin avant 11 ans, perd inutilement un temps qu'il pourrait employer avec bien plus de profit; 3° qu'il faudrait bien moins de temps encore pour le latin, si, pour épargner aux enfants l'ennui d'une étude aussi monotone, il n'était pas nécessaire d'y joindre des instructions analogues et plus agréables.

On nous permettra de ne pas accepter ces raisons sans quelque réserve. Ce n'est pas ici le lieu de traiter la question du latin; mais, s'il est inutile de savoir parler latin, il nous semble qu'il faut plus de trois ans pour étudier, au moins passablement, cette langue, mère de la nôtre, dont l'étude n'a rien de monotone, et dont la connaissance est, à notre avis, indispensable pour celle de la langue française.

A l'étude du latin réduite à trois années, se joint l'étude abrégée de la géographie et de l'histoire, tant anciennes que modernes, et surtout l'histoire des Républiques de la Grèce et de Rome. Les principes de Morale commune, appuyés d'exemples, sont également inséparables de cette partie des études de l'adolescence.

Des explications et des traductions journalières des meilleurs auteurs latins, proportionnés à chacune des trois classes, avec des comparaisons détaillées du génie de la langue latine avec celui de la nôtre, très peu de thèmes et de vers, peu de règles et beaucoup d'exemples : voilà à quoi se réduit la méthode suivie alors pour l'étude du latin.

III. — **Cours de Sciences.**

a) Un cours abrégé d'histoire naturelle marchera de front avec celui des sciences physiques et morales. Aux élèves de physique, on donnera des leçons générales de botanique et de physiologie des végétaux; suivront la géologie et la minéralogie élémentaires.

b) Physique et mathématique. — L'algèbre et la géométrie de Bezont. — Cours élémentaire et raisonné de physique générale et particulière, de chimie et de physique expérimentale, de mécanique, d'optique, astronomie et autres mathématiques mixtes ; preuves physiques de l'existence d'un Être suprême.

IV. — **Logique et Morale.**

Condillac est toujours le maître en logique. La nature de l'âme, ses facultés et ses opérations, la nature de Dieu et son action sur les êtres physiques et moraux ; — la morale générale, ou les devoirs fondamentaux de l'homme, soit seul, soit en société; — la théorie des passions, vertus et vices, leur influence sur le bonheur ou le malheur des individus et des nations; — la morale ou économie politique ; l'origine des gouvernements ; l'analyse des principaux gouvernements anciens et modernes; l'explication raisonnée des Droits de l'homme et de la Constitution de la République française : tel est le programme de cette partie des études.

V. — **Art de raisonner**, etc.

Ce programme supprime le nom de la rhétorique, dont l'enseignement « calqué sur le vieil usage, est peu propre à développer, dans les jeunes gens, les talents de la parole et de la plume. » (Cela est peut-être contestable). Le plan conçu est entièrement nouveau. Il comprend : 1° *la grammaire et l'art de raisonner*, Condillac et d'autres philosophes ayant démontré l'intime connexité, ou plutôt l'identité de ces deux parties.

2° *L'élocution*, ou l'art de parler et d'écrire en général. — L'art de parler peut se partager en six parties : — a) la *discussion*, publique, privée, morale, politique, scientifique, littéraire ; — b) *le langage de la tribune*, rapports, discours, harangues ; — c) *le langage du barreau ;* — d) *le langage des autorités publiques*, préambules de lois et décrets, adresses et instructions au peuple, allocutions militaires ; — e) *le langage démonstratif ;* — f) *le langage dramatique.*

L'art d'écrire comprend tous les genres de composition littéraire et poétique, destinés à être lus, et qui ont pour objet d'instruire ou de plaire.

3° La théorie élémentaire des Beaux-Arts et du goût (musique et arts nés du dessin). On se borne, à cet égard, à des notions et vues générales, qui forment un appendice à l'art d'écrire.

VI. — **Ecole de Dessin.**

Dans cette école nationale, établie depuis longtemps au Mans, on enseigne les parties les plus essentielles du dessin, la géométrie graphique, le trait, la perspective, la coupe des pierres, l'architecture, les ornements, etc.

Un maître d'*exercices militaires* est attaché au pensionnat du collège.

On continue de donner exactement aux écoliers rassemblés *lecture* du bulletin et des principaux décrets et actes de législation. Les *conférences*, qui se tiendront tous les mois, achèveront de les pénétrer des principes d'égalité et de liberté républicaines.

Nous avons insisté sur ce « Nouveau plan d'études du collège national » du Mans, parce qu'il nous a paru offrir un intérêt sérieux, et qu'il constitue, en quelque sorte, la transition entre l'ancien régime des études et le nouveau, établi par la fondation de l'*Ecole centrale.*

ÉCOLE CENTRALE

DU DÉPARTEMENT DE LA SARTHE

Inaugurée le 1er Ventôse an VI

DE

LA RÉPUBLIQUE FRANÇAISE

Une et indivisible

Cette inauguration solennelle eut lieu le 1er Ventôse, an VI, dans la salle des actes du collège du Mans, en présence des membres du jury central, des professeurs et bibliothécaire centraux, et d'un très grand nombre de citoyens.

Le citoyen Vérité, président de l'Administration centrale, ouvrit la séance par une courte allocution ; puis le citoyen Houdebert, commissaire du Directoire exécutif près l'Administration centrale, exposa, dans un assez long discours, les vœux de l'Administration et le but qu'elle se proposait. Après ce discours, les professeurs et bibliothécaire centraux prêtèrent « individuellement, le serment de haine à la royauté et à l'anarchie, d'attachement et fidélité à la République et à Constitution de l'an III. »

Le Président de l'Administration centrale déclara ensuite les professeurs et bibliothécaire installés, et donna la parole au citoyen Simier, professeur de Belles-Lettres, qui expliqua le programme que l'on devait suivre, et que nous allons faire connaître dans ses lignes essentielles.

Première Section

HISTOIRE NATURELLE

Ce cours était de deux années. — Pendant la première, on étudiait les productions minérales, les terres, les pierres et autres fossiles. Chaque année, on commençait,en Floréal, les démonstrations de botanique, qui se faisaient au jardin ; on étudiait la culture, les usages et les propriétés des plantes ; on faisait des herborisations à la campagne.

Pendant la seconde année, on s'occupait de zoologie. On donnait aux élèves des notions préliminaires de physiologie ; on établissait la classification des animaux d'après leur configuration ; on s'occupait spécialement des animaux domestiques.

LANGUES ANCIENNES

Partant de ce principe que les langues vivantes s'apprennent par la conversation et la lecture, les langues anciennes par l'interprétation des meilleurs auteurs, on suivait dans l'enseignement du grec et du latin, la méthode du « célèbre » Dumarsais, c'est-à-dire, la traduction interlinéaire. Lorsque les élèves avaient, au bout d'un certain temps, acquis de cette façon la connaissance d'un nombre considérable de mots, ils commençaient à décliner et à conjuguer. On leur apprenait ensuite le mécanisme de la construction, les règles les plus importantes de la syntaxe, la nature de la proposition ; l'explication était accompagnée de remarques sur le génie des trois langues. Il n'était pas question de thèmes, « parce que le temps employé en pure perte à ce genre de composition, devait être consacré bien plus utilement à l'interprétation des auteurs. »

DESSIN

L'enseignement du dessin avait pour objet : la figure dont l'étude sera les principes, les têtes, les académies, la bosse, — le paysage, les fleurs et l'ornement.

Le dernier décadi de chaque mois, il y avait exposition des dessins faits pendant le mois ; chaque élève portait un jugement motivé. Dans la dernière décade de chaque trimestre, il y avait un concours en chaque genre ; le résultat était la formation d'une liste où le rang que tenait chaque élève était en raison de ses progrès.

Deuxième Section

MATHÉMATIQUES

La première section était consacrée à l'étude de l'arithmétique, de l'algèbre jusqu'à la résolution des équations du second degré ; — de la géométrie, de la trigonométrie, du nivellement et de la levée des plans (problèmes et applications).

La seconde section embrassait les équations du troisième et du quatrième degré d'après le journal de l'Ecole Normale, les sections coniques, les lieux géométriques, la construction des équations, enfin tous les « objets » nécessaires à ceux qui voulaient concourir pour l'Ecole Polytechnique. Cette section comprenait encore les principes du calcul différentiel, exposés à la manière de Lagrange, et ceux du calcul intégral avec leurs principales applications.

Physique et Chimie

La physique et la chimie expérimentales ayant entre elles, dit le programme, une très grande connexité, et s'entr'aidant continuellement pour expliquer les divers phénomènes de la nature, seront enseignées conjointement.

Propriétés générales des corps, — lois du mouvement, — leviers, — attraction,— lumière, chaleur, électricité, — l'air et l'eau,— hydrostatique, — corps simples, combustibles et incombustibles — étude du règne minéral — aimant — règne végétal et animal. On voit que la méthode rationnelle ne présidait guère à cette partie des études.

Troisième Section

BELLES-LETTRES

Ce cours se divise en deux parties : l'art d'écrire et l'art de parler. On expose d'abord les règles générales du style, communes à l'orateur et à l'écrivain. Passant ensuite aux règles particulières de l'art d'écrire, on étudie successivement chaque genre de composition littéraire, tant en prose qu'en vers.— Dans la deuxième partie du cours on adapte l'art de parler aux différents usages auxquels il est destiné dans une République, où l'éloquence a tant d'empire. On fait voir comment l'orateur doit s'exprimer dans une discussion publique ou privée, à la tribune, au barreau, et lorsqu'il parle au nom des autorités publiques. On détermine le genre des harangues dans les fêtes publiques, des félicitations, des éloges funèbres. L'exemple est toujours présenté à côté du précepte, et l'étude des modèles fait connaître les défauts des auteurs en même temps que leurs beautés. En parcourant les différentes parties de la littérature, on fait connaître ceux qui occupent un rang distingué parmi les hommes de lettres, de notre pays et des autres nations, de sorte que ce cours, embrasse la littérature nationale et la littérature étrangère.

Histoire

L'étude de l'histoire est accompagnée de celle de la géographie et de la chronologie. A son tour, l'étude de la géographie est précédée d'une étude élémentaire de la sphère armillaire d'après le système de Copernic; on donne ensuite une idée générale de la division de la terre, comparée d'après celle des anciens avec celle des modernes. La chronologie adoptée est celle du célèbre Pétaut, dont le système est le plus universellement suivi, et se rapproche le plus de la vérité.

« Rechercher les causes qui ont amené les grands évènements, remarquer les progrès de la civilisation, étudier les mœurs, les usages des peuples les plus célèbres, profiter de leurs erreurs comme de leurs vertus, voilà l'objet qu'on doit se proposer en étudiant l'histoire, et le but vers lequel doit tendre constamment celui qui l'enseigne.... Comme nous avons à instruire les enfants d'un peuple libre c'est particulièrement l'histoire des nations qui ont su aimer, défendre et conquérir leur liberté que nous nous proposons de leur faire connaître. »

L'histoire de la Grèce et de Rome, les vertus héroïques et les actions éclatantes de leurs grands hommes, fournissent les modèles proposés à l'admiration des élèves. On s'occupe ensuite de l'histoire moderne, et particulièrement de celle de notre Nation.

Bibliothèque

Une bibliothèque est installée dans l'établissement ; les livres sont rangés d'après un plan méthodique qui facilite les recherches. Il étoit nécessaire de procurer « à l'homme de lettres le moyen de connaître promptement ce qu'on a écrit de plus intéressant sur chaque matière, à l'amateur ce qui manque ou ne manque pas en livres rares, curieux et singuliers, enfin à la jeunesse avide d'apprendre des modèles en tout genre. »

Transformation du programme de l'Ecole Centrale. — Quelques années après, en l'an X, les professeurs de l'Ecole Centrale jugèrent à propos d'introduire dans le programme des modifications qu'ils regardaient comme indispensables. Ils divisèrent l'instruction en deux branches principales, l'une littéraire et morale, l'autre scientifique et comprenant les sciences naturelles, mathématiques et idéologiques. Nous allons faire connaître brièvement ce programme de l'an X, établi par les professeurs, en attendant que « le gouvernement voulût bien donner lui-même un réglement général et uniforme ».

I. — BRANCHE LITTÉRAIRE ET MORALE

Cette branche comprend les cours suivants :

1er *Cours.* — **Grammaire française** : notions d'Idéologie les plus simples et les plus à la portée des enfants.

Langue latine.— Eléments.— Traduction de l'*Appendix de diis*,du P. Jouvency, « pour apprendre aux enfants l'histoire mythologique, et leur faciliter dans la suite l'intelligence des poètes grecs et latins ». *Fables de Phèdre*, comparées avec celles de La Fontaine. — Abrégé de l'histoire romaine d'*Eutrope*. — Chaque classe sera terminée par la lecture d'une histoire morale.

2e *Cours*. — **Langue latine**. — Explication des auteurs, accompagnée de notions biographiques ou mythologiques : *Quinte-Curce*, *Virgile* et *Térence*.

Leçons élémentaires d'histoire et de géographie.

3e *Cours*. — **Langue latine**. — Continuation des études ; compositions en latin, vers latins, traductions fréquentes : *Salluste*, *Cicéron*, (Catilinaires). *Virgile*, *Horace*.

En grec, on traduit les deux ou trois premiers livres de l'*Iliade* d'Homère, et les *Dialogues des morts* de Lucien. Les élèves se procureront, en outre, les règles de la quantité, la grammaire et les racines grecques. — Exercices de mémoire pris dans Horace, Virgile, Homère.

Leçons de géographie à la fin de la classe.

4e *Cours*. — **Belles-Lettres**. — Etude du style, des figures. — Genre épistolaire; apologue; régles de la versification française. — L'art oratoire et ses différents genres (délibératif, démonstratif et judiciaire). — Les divers genres de poésie : églogue, épopée, tragédie, comédie, ode et poème didactique.

Il n'est question, dans ce cours, que de *l'Art poétique* d'Horace et de celui de Boileau, dont la comparaison fournira souvent des textes aux leçons des professeurs.

5e *Cours*. — **Législation et Morale**. — La République jouira bientôt d'un code civil : en attendant ce nouveau bienfait du gouvernement, le professeur donnera, pendant l'an X, un cours de *Droit civil et criminel*. (Cette innovation méritait d'être signalée.)

Au cours de législation, se joindra un cours de *Morale*, qui se fera le nonidi de chaque décade, et auquel assisteront les élèves de l'école qui auront atteint l'âge de 15 ans. La morale « commande aux citoyens l'amour de la patrie ; aux magistrats, l'intégrité ; aux parents, la vigilance, les mœurs domestiques ; aux enfants, la piété filiale ; à tous, le travail et la justice. »

6e *Cours*. — **Histoire pour les élèves les plus avancés**. — L'année précédente avait été consacrée à l'étude de l'histoire ancienne, on consacrera cette année à l'étude de l'histoire moderne. L'histoire de notre nation est celle qu'il nous importe le plus de connaître ; elle tiendra donc le premier rang.

La géographie est indispensable à ceux qui veulent étudier l'histoire avec succès ; elle marchera toujours de pair avec la dernière. On la considérera sous trois rapports : astronomique, physique et politique. L'histoire des principaux peuples de la terre sera toujours précédée de la description géographique des lieux qu'ils habitent, ou dont ils ont tiré leur origine.

II. — Branche des Sciences naturelles, mathématiques et idéologiques.

1er *Cours.* — **Histoire naturelle.** — Le cours d'histoire naturelle aura, cette année, pour objet, la *minéralogie.* Au mois de germinal, on commencera le cours de *botanique*, d'après les principes de Linné et de Jussieu, dont les élèves feront l'application par des herborisations fréquentes autour du Mans.

2e *Cours.* — **Mathématiques.** — La 1re division comprend : l'arithmétique, avec l'exposition du *Système métrique;* l'algèbre, jusqu'à la résolution des équations du second degré inclusivement; la géométrie, et son application aux objets les plus utiles.

La 2e division embrasse : la continuation de l'algèbre; la trigonométrie rectiligne, avec la levée des plans; l'application de l'algèbre à la géométrie ; les éléments de statique.

La 3e division aura pour objet : le complément de l'algèbre; les éléments du calcul différentiel et intégral.

3e *Cours.* — **Physique et chimie.** — La chaire de physique étant vacante en ce moment, ce cours ne commencera pas avec les autres.

4e *Cours.* — **Grammaire générale.** — Ce cours se divise en deux parties : l'*Idéologie* et la *Grammaire générale.* Dans la 1re partie, on étudiera l'origine et la filiation des idées, et on fera l'analyse des opérations de l'âme. — C'est, comme on le voit, un cours de psychologie.

La grammaire générale remplira la seconde partie du cours. On étudiera : les différentes parties du discours, les règles communes à toutes les langues, et on fera sentir aux élèves que l'analogie et l'analyse en sont les deux grands maîtres. On ajoutera à ce cours des notions sur les tropes, les synonymes, les homonymes, etc., etc. L'art étymologique ne sera pas oublié.

Il y a, en outre, un cours de dessin.

Enfin, une bibliothèque, placée à la préfecture, est déjà très fréquentée. Une première salle, vaste et commode, contient 20,000 volumes, méthodiquement classés; une seconde classe, qui vient d'être achevée, contiendra 15 à 18,000 volumes, qui seront mis, après leur classement, à la disposition des lecteurs.

Exercices de l'école centrale. — Chaque année, quelques jours avant la distribution des prix, les élèves étaient interrogés en public sur les différentes parties du cours qu'ils avaient suivi; ils lisaient même ou mettaient sous les yeux des assistants, quelques-uns des essais dans lesquels ils avaient le mieux réussi ; ils traduisaient aussi certains passages des auteurs qu'ils avaient expliqués dans le cours de l'année.

Pour donner une idée de ce qu'étaient ces exercices, voici quel fut celui de l'an X.

Séance du 28 Thermidor.

Les élèves (suivent les noms) répondront aux questions qui leur seront posées sur : le genre épistolaire, l'apologue, l'art oratoire (invention, disposition, élocution), la poésie en général, et sur les règles particulières aux différents genres de poésie, tirés de l'*Art poétique* de Boileau.

Ils expliqueront : le plaidoyer de Cicéron en *faveur de Milon*, l'épisode de Nisus et d'Euryale dans l'*Enéide* de Virgile, quelques fragments du IVe livre du même poème, et l'*Art poétique* d'Horace.

Les élèves du cours de langues grecque et latine expliqueront les deux premiers livres des *Odes* d'Horace, le *Pastor Aristœus*, et le IIe livre de l'*Enéide* de Virgile; les deux premières *Catilinaires* de Cicéron, l'*Histoire de la conjuration de Catilina* par Salluste; le IIe livre de l'*Iliade* d'Homère et les *Dialogues des morts* de Lucien.

Séance du 30 Thermidor.

Des élèves du cours de Belles-lettres liront plusieurs morceaux de leur composition tant en prose qu'en vers. Ils joueront ensuite une pièce qui a pour titre, les *Ecoliers en vacances*, drame en un acte.

La distribution des prix, accordés par le gouvernement, terminera la séance ; elle sera annoncée par des couplets de la composition du citoyen Grandmaison.

Au Mans, le 28 et le 30 Thermidor de l'an X, dans la salle des exercices publics de l'Ecole Centrale, à 3 h. après midi.

ÉCOLE SECONDAIRE

COMMUNALE

L'arrêté du 16 floréal, an XI, qui ordonnait l'organisation du Lycée d'Angers pour la rentrée des classes, supprimait l'Ecole Centrale du département de la Sarthe. Pour la remplacer, on forma une *Ecole secondaire communale*, d'après un décret impérial, rendu à Boulogne, le 2 Thermidor, an XII; mais l'école ne put entrer en exercice que le 11 brumaire an XIII. Cette école recevait des pensionnaires et des externes ; nous allons donner une idée de son organisation.

Pensionnat. — Les pensionnaires étaient reçus depuis l'âge de 8 ans, jusqu'à 12; ils fournissaient un trousseau, et portaient un uniforme avec boutons blancs où étaient gravés les mots : *Ecole secondaire*, au milieu, et autour, en légende : *Commune du Mans*. Il fallait, pour être admis, avoir eu la petite vérole naturelle, ou par inoculation; autrement, on devait se faire vacciner.

Le prix de la pension était de 450 fr., compris le papier, l'encre et les plumes, ou de 550 fr., pour le blanchissage, les livres, crayons, papier, souliers, à la charge de l'Ecole. Les arts d'agrément étaient aux frais des parents. Les enfants qui n'étaient pas encore assez avancés pour suivre les classes, recevaient gratuitement les leçons de lecture, de grammaire et autres requises pour leur admission dans la sixième classe.

Une chapelle était établie près de l'école pour la célébration des offices, et pour les instructions des Dimanches et des Fêtes.

Externat. — La rétribution de l'externat était fixée à 12 fr., par trimestre. Il y avait une place gratuite par 10 élèves; cette gratuité était accordée par le bureau d'administration aux conditions ordinaires. Les externes ne pouvaient porter l'uniforme.

Classes. — Chaque professeur faisait deux classes par jour, chacune de deux heures; celle du soir était abrégée d'un quart d'heure en hiver.

Les élèves faisaient deux classes par an. Il y avait, chaque année, deux examens, l'un au 1er germinal, l'autre au 15 fructidor. Les élèves qui n'avaient pas les connaissances requises pour passer dans une classe supérieure, restaient dans la même. Les examens étaient faits par le Directeur et par le professeur de la classe pour laquelle les élèves se présentaient.

Congés. — Il y avait, par semaine, un jour de congé, le jeudi; ce congé pouvait être donné en deux demi-jours, le mardi et le jeudi soir. S'il se rencontrait dans la semaine une fête consacrée, elle tenait lieu de congé. Les vacances ne duraient qu'un mois, du 15 fructidor au 15 vendémiaire suivant.

Enseignement. — On se servait, dans les classes, des ouvrages adoptés pour les Lycées. L'instruction avait pour objet les langues latine et française, la géographie, l'histoire, la mythologie, les belles-lettres, les mathématiques, la physique et le dessin.

L'enseignement était divisé en 6 classes, et confié à 4 professeurs. Il y avait un professeur pour : la 6e et la 5e, — la 4e et la 3e, — la 2e et la 1re — Le professeur de mathématiques était chargé, le matin, des mathématiques dans toutes les classes, et, le soir, il enseignait la logique et la morale. Il y avait un professeur de dessin; on donnait aussi des leçons de *langue anglaise* à ceux des pensionnaires qui le désiraient.

Enfin, outre les exercices religieux des Dimanches et Fêtes, il y avait, par semaine, dans chaque classe, une leçon de catéchisme, le mercredi ou le samedi.

Moyens d'émulation. — Les élèves, pensionnaires et externes, étaient admis à concourir pour les places gratuites dans les Lycées. Il y avait aussi, dans le pensionnat, une place gratuite pour 25 élèves. Ces places étaient données aux élèves les plus méritants, et principalement aux fils de militaires ou de fonctionnaires publics.

A la fin de chaque année, il y avait des compositions générales pour les prix de toutes les classes, et des exercices publics sur toutes les parties de l'instruction. Il y avait, pour chaque classe, un premier et un second prix de composition, et jamais plus de quatre accessits. La distribution solennelle des prix se faisait le 14 fructidor de chaque année.

Exercices de l'école secondaire communale. — Les archives du Lycée nous renseignent sur les travaux des classes de l'école secondaire.

En 1805, dans la classe de physique et de mathématiques, l'enseignement de la logique, de la métaphysique et de la morale, eut lieu pendant six mois, et celui de la physique pendant le reste de l'année. *Deux* écoliers seulement suivirent les cours; l'un deux quitta l'école à Pâques; l'autre, qui suivit le cours entier, soutint une thèse de physique, dans laquelle il répondit avec sagacité à toutes les questions qui lui furent posées. — La classe de mathématiques était divisée en 3 sections ; artithmétique, algèbre, géométrie.

Première et seconde classes. — L'exercice de cette classe eut lieu le lundi 15 fructidor. Après l'explication des auteurs et la récitation des plus beaux morceaux de Rousseau et de Boileau, quatre élèves ont lu des morceaux de leur composition sur cette question : « Convient-il « que, dans un Etat bien ordonné, on accorde aux poètes une place « spéciale ? »

A la suite de cette séance, plusieurs de ces Messieurs et quelques élèves ont paru dans un drame en 3 actes, avec des morceaux de chant pour servir d'intermèdes. Le sujet de ce drame était « la Distribution » même « des Prix », qui s'est faite en présence d'une assemblée nombreuse et choisie. On donna des prix d'excellence, de composition latine, de composition française et de vers français.

Troisième et quatrième classes. — Exercice, le vendredi 22 fructidor. On expliqua des auteurs (dont le nom n'est pas indiqué), et on récita plusieurs morceaux choisis des *Géorgiques* de Virgile de la traduction de M. Delille, les *Eglogues* de Gresset, et un traité de grammaire générale et raisonnée. Les prix furent ceux d'excellence, de version et de thème.

Cinquième et sixième classes. — 2 divisions. — Exercice, le jeudi 11 fructidor. Les élèves de la première division expliquèrent du *De Viris illustribus urbis Romæ*, les fables de Phèdre, quelques-unes des vies de Cornélius Nepos, et récitèrent des fables de La Fontaine. On ajouta à cela un traité élémentaire des grammaires française et latine, et la géographie de l'Europe. — Les élèves de la deuxième division expliquèrent l'*Epitome historiæ sacræ*, de Lhomond, et l'*Appendix de diis*, de Jouvency.

Septième classe. — Cette classe était composée seulement de pensionnaires. L'exercice eut lieu aussi le 11 fructidor. Les élèves furent interrogés sur les déclinaisons et les conjugaisons, sur les premières règles des syntaxes latine et française, et sur le petit catéchisme historique de Fleury. — Il n'est pas fait mention des facultés pour lesquelles on donna des prix dans ces trois classes.

Il y eut des prix de dessin, de musique (instruments à cordes, à vent) et de chant.

Nous avons plus de détails pour 1806.

En première et en deuxième classes, il y eut 41 écoliers. L'exercice eut lieu le 20 septembre. Les élèves récitèrent quelques morceaux des *Epîtres de saint Paul* à Philémon et aux Hébreux, et les passages les plus intéressants du *Lutrin*, de Boileau, et de la *Henriade*, de Voltaire. Ils expliquèrent le IIIe livre de l'*Enéide*, le IIe livre des *Odes* et l'*Art poëtique* d'Horace, la *Guerre de Jugurtha* par Salluste, les *Mœurs des Germains*, par Tacite; l'Oraison de Cicéron, *pour Milon*. Ils répondirent aux questions faites sur l'épopée, le genre oratoire, les figures de mots et de pensées, sur le beau, d'après les idées du P. André. Quelques élèves lurent des pièces de vers de leur composition.

On entendit un discours latin ayant pour titre: *Quantum valeat recta instituendæ juventutis ratio* (1), et un plaidoyer sur cette question : « Lequel, de ces quatre états, de l'agriculture, du commerce, de la magistrature ou de l'état militaire, rend à la société les services les plus essentiels ? » Le jugement fut prononcé, mais il n'est pas indiqué. La séance se termina par un drame en 3 actes : *l'Espièglerie de Collège.*

Dans l'exercice des troisième et quatrième classes, qui eut lieu le vendredi 19 septembre, on expliqua les six premiers livres de Justin, les IIIe et IVe livres de Quinte-Curce ; le *Traité de la Vieillesse*, de Cicéron ; des morceaux choisis des *Métamorphoses*, d'Ovide ; le IIe livre de l'*Enéide*, de Virgile ; quatre églogues, et les épisodes des quatre livres des *Géorgiques*. On récita l'imitation des églogues de Virgile, par Gresset, et la traduction des *Géorgiques*, par M. Delille. Les élèves répondirent aux questions sur la poésie pastorale, d'après le traité de M. Le Batteux, à l'usage des écoles militaires.

Pour les cinquième et sixième classes, il est mention d'un PRIX D'HONNEUR, décerné à celui des externes ou pensionnaires qui, d'après

(1) Importance d'une bonne méthode pour l'instruction de la jeunesse.

le scrutin des écoliers de toutes les classes, avait donné le plus de satisfaction à ses parents et à ses maîtres.

L'exercice de ces deux classes, soutenu le 17 septembre, était en forme de *Dialogue*. Les élèves y ont conversé entre eux sur la géographie en général et sur celle de la France en particulier. Puis ils ont passé en revue les auteurs qu'ils ont étudiés dans le cours de l'année, Corn. Nepos, *de Viris*, fables de Phèdre et de La Fontaine. — La seconde division a répondu aux questions qu'on lui a faites sur l'*Epitome historiæ sacræ*, et sur l'*Appendix*.

Un petit drame moral, qui servait de cadre à l'exercice, avait attiré beaucoup de monde à la séance.

L'école de dessin compta cette année-là soixante et quelques élèves.

Dans le cours de l'année, il y eut plusieurs règlements proposés au bureau et adoptés à l'unanimité. (On ne trouve pas ces règlements.) Le bureau, présidé par le chef de l'administration générale du département, était composé du maire, du commissaire impérial près le tribunal, de deux membres du conseil de la commune et du juge de paix de l'arrondissement Il y eut, au commencement de janvier, une insurrection, dont le récit, suivant les notes, ne serait d'aucune utilité.

Quelques élèves ont fréquenté les spectacles et les bals. On a fait à ce sujet des demandes auxquelles on n'a point eu de réponse. On a voulu aussi, mais inutilement, faire revivre les anciennes lois du collège relativement aux bains; un élève de troisième s'était noyé en juillet; sa mort était bien propre à éveiller l'attention du bureau.

En 1807, à l'exercice des 5ᵉ, 6ᵉ et 7ᵉ classes, la séance s'ouvrit par un discours fort intéressant, qui tendait à faire connaître le véritable but qu'on doit se proposer dans les études que font les jeunes gens. La distribution des prix fut précédée par plusieurs scènes sur la paix de Tilsitt, entremêlées de musique et de chant.

1810-1811

COLLÈGE DU MANS

Académie d'Angers.

A partir de cette époque, l'Ecole secondaire communale devient le *Collège du Mans* et fait partie de l'Académie d'Angers. Les classes sont faites par des *Régents*, et sont distribuées de la façon suivante:

Logique; mathématiques et physique; rhétorique et seconde année d'humanités; première année d'humanités et seconde de grammaire; première année de grammaire et première élémentaire; septième.

La distribution des prix fut précédée d'une pièce sur la naissance du roi de Rome.

Dans le cours de l'année, il fut décidé, de concert avec M. le Recteur d'Angers, que : 1° les écoliers, pensionnaires et externes, iraient à confesse tous les trois mois, et présenteraient un certificat de leurs confesseurs ; 2° que toutes les classes assisteraient à la messe du collège une fois par semaine.

Deux écoliers de septième se noyèrent ; cet accident fit renouveler la demande de l'ancien règlement qui défendait les bains sous les peines les plus sévères.

Les vacances étaient fixées du 15 août au 1er octobre ; puis, du 20 septembre au 1er novembre. On adopta enfin le règlement de l'Académie d'Angers, qui fixe les six semaines de vacances arrêtées par l'Université, du 15 septembre au 1er novembre.

Cette année-là, le collège du Mans fut réorganisé ainsi qu'il suit :

Vu le décret impérial du 4 juin 1809 (art. 2), et les instructions du grand-maître de l'Université, Louis de Fontanes :

Organisation (25 octobre 1810). — Le bureau administratif est composé de l'Inspecteur, président ; du maire, du président du tribunal civil, du procureur impérial et du curé de St-Julien.

Le principal reçoit un traitement de 2,000 francs, et a droit à la table et au logement. Les régents de philosophie, de rhétorique, de mathématiques et physique, reçoivent chacun 1,000 francs ; ceux de la deuxième et de la première année d'humanités, chacun 800 francs ; ceux de la deuxième et de la première année de grammaire, et celui de la classe des éléments, chacun 600 francs ; les maîtres d'études, dont le nombre est déterminé par le recteur et le bureau d'administration, 500 francs : tous sont, en outre, logés et nourris.

Le bureau fut d'avis qu'il serait utile que les deux régents de rhétorique et de la deuxième année d'humanités alternassent entre eux, en sorte que le régent de la deuxième année d'humanités conduisît, l'année suivante, ses élèves en rhétorique ; qu'ainsi le régent de rhétorique recommençât son cours par la deuxième année d'humanités, pour la continuer, l'an d'après, en rhétorique. Le bureau pensa que cet arrangement procurerait beaucoup d'avantages aux élèves.

On avait oublié le dessin. Le bureau exprima son chagrin de ne point voir, dans l'organisation du collège, de maître de dessin ; il considéra que, de tout temps, et avant la Révolution, il y avait eu au Mans une école de dessin qui avait rendu les plus grands services à la province ; que depuis lors, des Écoles Centrales et des Écoles secondaires, il y avait eu aussi au Mans un maître de dessin : que sa suppression, dans l'organisation actuelle, causerait un tort réel ; — par ces motifs, le bureau, lecture prise d'une lettre de S. E. le Grand-Maître à M. le Recteur de l'Académie d'Angers, du 31 août 1810, vota la conservation d'un maître de dessin, aux appointements de 1,200 fr., sans logement et sans table.

Depuis quelques années, il y avait, à l'école secondaire, un maître de musique; mais le bureau ne trouva pas la conservation de ce maître d'une utilité aussi générale que celle du maître de dessin. En effet, une partie des élèves seulement étudiait la musique, tandis que tous prenaient des leçons de dessin. Ceux des écoliers qui voudraient avoir des leçons de musique, pouvaient les payer particulièrement, sous l'inspection, néanmoins, du principal, auquel le choix du maître de musique était confié, et sous la surveillance du bureau.

Il est inutile de revenir sur les programmes des classes; ils sont à peu près les mêmes que ceux que nous avons vus à l'Ecole Secondaire. Cependant, il faut signaler, au programme des mathématiques, l'adjonction des logarithmes et de la trigonométrie. Dans les classes élémentaires, on fait usage des grammaires latine et française de Lhomond; dans les classes de grammaire, Guéroult fait autorité en français.

Les élèves de la deuxième année d'humanités ont inscrit sur leur **Livre académique** leurs meilleurs devoirs de l'année, et en ont lu à l'exercice public (1811) les morceaux les plus intéressants.

En 1812-1813, on trouve la mention des études grecques: les déclinaisons et conjugaisons sont étudiées dans la grammaire de Fargault; on traduit les deux premiers chapitres de l'Evangile selon saint Luc; les chapitres v, vi, vii de l'Evangile selon saint Mathieu, et la parabole du xiiie chapitre (parabole de la semence); les fables d'Esope, et le premier livre de l'*Iliade*, en Rhétorique. — Cela ne constitue pas, à notre avis, un programme des classes; il est probable qu'il s'agit ici de ce qui a été traduit dans les exercices publics.

Le décret de Dresde, rendu par Napoléon Ier le 27 août 1813, portait création d'un grand nombre de Lycées, parmi lesquels se trouvait le Collège du Mans, mais n'en déterminait pas l'organisation.

L'Empire a succombé, et les Bourbons sont momentanément rétablis sur le trône de France. A la distribution des prix de l'année 1813-1814, les élèves de Seconde lurent des vers latins qu'ils avaient faits sur le retour des Bourbons. Cette pièce, « offerte à Mgr le duc d'Angoulême », se trouve à la Bibliothèque de la ville; elle a pour titre: *In augustissimos Borbonidas solio avito redditos* (1); elle se compose de 63 vers et est accompagnée d'une traduction.

Par ordre de S. E. le Grand-Maître, le tambour a cessé d'être le signal des exercices; les uniformes n'ont plus rien de commun avec les habits militaires.

Au moment où les puissances alliées s'approchèrent de Paris, l'alarme se répandit parmi les pensionnaires. Plusieurs furent réclamés par leurs parents et revinrent quelques semaines après; mais

(1) Les très augustes Bourbons rétablis sur le trône de leurs aïeux.

d'autres, qui avaient fui sans être appelés par leurs familles, furent exclus.

Quoique les événements du cours de l'année eussent un peu influé sur les têtes des écoliers, on vit avec joie que ceux qui furent admis à paraître dans les exercices publics répondirent d'une manière satisfaisante sur toutes les parties de leurs études.

Le roi rendit dans le cours du mois de juin une ordonnance concernant les règlements de l'Université, qui doivent être exécutés jusqu'à nouvel ordre. L'école ecclésiastique ne voulut pas s'y soumettre, et s'en écarta pour le paiement des droits et pour l'époque de la sortie des classes. (Archives du Lycée.)

UNIVERSITÉ ROYALE

ACADÉMIE D'ANGERS

COLLÈGE DU MANS

En 1817, on installa officiellement un sous-principal, avec fonction : 1° de partager les travaux du chef, et sous ses ordres ; 2° de suppléer les régents qui viendraient à être empêchés de faire leurs classes. Son traitement fut fixé à la somme de 1200 francs. On installa aussi un régent de 7e auquel on donna 900 francs.

Le régent de mathématiques ouvrit un cours de physique théorique et expérimentale, moyennant un supplément de traitement qui ne pouvait excéder la somme de 300 francs.

Tous les régents, à l'exception de celui de mathématiques, dont les leçons n'avaient pas lieu aux mêmes heures, faisaient la classe en *robe d'étamine noire*, avec la *chausse* (pour ceux qui y avaient droit), telles que ce costume est prescrit par l'art. 129 du décret du 17 mars 1808. En 1818, on accorda pour la robe une indemnité de 50 francs.

La période de transformation est à peu près accomplie, et tous les changements que nous avons vus s'opérer viennent aboutir au règlement du 27 août 1817, dont nous allons faire connaître les dispositions les plus remarquables.

Règlement du 27 août 1817. — 1. Le bureau d'administration est nommé par le Recteur et présidé par l'Inspecteur ; il est composé : du principal, du maire de la ville, vice-président, du curé de la cathédrale, du président du tribunal civil, et du président honoraire du même tribunal.

2. Il y a un aumônier dans l'établissement. Les élèves vont tous les jours à la messe après la classe, conduits et surveillés par leurs professeurs et leurs maîtres d'études. Tous les exercices commencent et finissent par une prière ; les classes, par la récitation de deux ver-

sets de l'évangile en grec ou en latin. On fait, au collège, l'office solennel les jours de Dimanches et Fêtes, avec instruction chrétienne, et le cathéchisme trois fois par semaine.

3. On y enseigne les langues anciennes, depuis la 1re classe élémentaire jusqu'à la rhétorique inclusivement, ainsi que la philosophie, les mathématiques et la physique. — L'écriture fait partie de l'instruction, seulement pour les internes. — On enseigne aussi, aux frais et à la volonté des parents, les *langues étrangères* et les arts d'agrément.

4. Les sorties n'ont lieu qu'une fois par mois et seulement le jeudi, pourvu qu'il n'y ait pas de plaintes graves sous le rapport des études ou de la conduite. Les élèves ne sortent jamais qu'après 11 heures, et quand les devoirs donnés pour le lendemain sont terminés ; ils doivent être rentrés à 7 heures en hiver, et à 8 heures en été. Le spectacle et toutes les maisons publiques, comme cafés, billards, etc.., leur sont strictement interdits.

5. Le prix de la pension est fixé à 450 francs, plus 50 francs pour frais d'études, et 22 fr. 50 pour rétribution universitaire ; en tout 522 fr. 50. Cette pension est payable par trimestre et d'avance pour l'année scolaire de dix mois et demi, en sorte qu'il ne sera fait aucune réduction pour les vacances. Chaque élève doit apporter un trousseau... Le blanchissage, les livres, crayons, papiers, plumes, et les souliers sont à la charge des parents, ou sont fournis contre 130 francs de plus. L'argent de poche est remis au principal. — L'entretien, les ports de lettres, les frais de maladie ou autres, et les dégradations sont aussi à la charge des parents.

6. Les élèves sont reçus depuis l'âge de 8 ans jusqu'à 13 ans, et doivent présenter leur extrait de naissance, de baptême, et un certificat de vaccine. — Un élève sortant d'un autre collège pourra être reçu à tout âge, mais il devra fournir des certificats en bonne forme de la régularité de sa conduite. S'il avait été exclu, il ne serait point admis, quel que soit son âge. — Il n'y a pas de demi-pensionnaires.

7. Les externes seront reçus en classe sur un permis délivré par le Principal tous les trois mois, après le trimestre payé. Ils donnent 50 francs pour frais d'études, et 22 fr. 50 de droit universitaire. — Les externes n'ont aucune relation avec les internes, hors la classe; ils ne prennent point part aux répétitions, ni aux arts d'agrément.

8. Un bulletin de tout ce qui concerne les élèves est envoyé aux parents de trois en trois mois.

9. Le temps est distribué comme il suit : Lever, 5 h. 45. — Prière et étude de 6 h. à 7 h. 1/2. Déjeuner et récréation jusqu'à 8 h. — Classe de 8 à 10. — Messe et récréation jusqu'à 10 h. 45. — Etude jusqu'à midi. — Dîner et récréation jusqu'à 1 h. 1/2. — Etude jusqu'à 2 h. ; Classe jusqu'à 4 h. 1/2. — Collation et récréation juqu'à 5 h. — Etude jusqu'à 8 h. — Souper et récréation jusqu'à 8 h. 1/2. Prière et

coucher jusqu'à 9 h. — Promenade deux fois par semaine, le jeudi et le dimanche, excepté les jours de grande solennité.

10. Il y a six semaines de vacances, du 15 septembre au 4 novembre. Cependant, si l'un de ces jours tombait un dimanche, l'ouverture des vacances serait avancée, ou la rentrée des classes reculée d'un jour.

Ce règlement, fait et délivré par les membres du bureau d'administration, et approuvé par le recteur de l'académie d'Angers, se trouve aux archives du Lycée.

En 1839. — Le *prospectus* de 1839, que l'on peut consulter à la Bibliothèque de la ville, ne diffère pas essentiellement de celui que nous venons d'analyser. Il donne cependant des indications intéressantes : de nouveaux dortoirs, vastes et bien aérés, ont été construits ; — la chapelle s'est enrichie d'un orgue ;— la philosophie se fait en français, et peut être suivie par des élèves qui, n'ayant pas achevé leurs humanités, ne se destinent pas à une des carrières qui exigent le grade de bachelier ; — des livres de lecture sont fournis aux élèves moyennant une rétribution annuelle de 5 francs pour l'entretien de la bibliothèque ; — le collège reçoit à *demi-pension* des enfants d'un âge encore tendre, que les parents ont intention de mettre plus tard à pension entière. Les demi-pensionnaires entrent à 6 h. en été, à 7 h. en hiver, et sortent le soir à 7 h. ; le prix de la demi-pension est de 300 fr., plus les droits de collège et d'université.

Enfin, en 1851, le collège du Mans est érigé en LYCÉE (Académie de la Sarthe) ; et, depuis que les Académies départementales sont supprimées, il fait partie du ressort de l'Académie de Caen.

Conclusion

Telle est l'histoire de l'établissement qui porte aujourd'hui le nom de Lycée du Mans. Nous avons été témoins de sa naissance, de ses débuts, de sa prospérité; nous l'avons vu subir un choc violent, même avant 1789. Nous avons suivi et étudié les transformations que lui imposait le changement de régime introduit en France par la Révolution. Tour à tour simple Collège, Ecole Centrale, Ecole Secondaire communale, puis Collège National, peu s'en fallut qu'il ne devint Lycée Impérial en 1813 ; le nom de Collège lui reste jusqu'en 1851.

Depuis la fondation du Lycée... Mais nous croyons devoir nous arrêter ici, et nous faisons, en terminant, les vœux les plus sincères pour la prospérité du Lycée du Mans, auquel nous avons consacré et consacrerons notre plus affectueux dévouement.

L'Association amicale des anciens élèves du Lycée du Mans a été fondée en 1876, et reconnue d'utilité publique par décret du Président de la République, en date du 5 mai 1886.

D. REBUT.

TABLE DES MATIÈRES

Première Partie

Deuxième Partie

Le Mans. — Typographie Edmond Monnoyer.